U0072344

實戰作文

15 堂課

作者◎汪淑玲

【聯合推薦】

成長與躍升——語文教育中不可不讀的好書

新北市天主教光仁中學校長　林沛英

　　初次拜讀《實戰作文15堂課》時，歡喜之心油然而生。本書以清晰的結構，架構起了寫作的思維層次；以特寫鏡頭摹寫心之所想，意之所向。

　　淑玲老師的教導方式與內容，藉著觸碰讀者的感官，啟發其心靈，再運用人的心智思考模式，以及多元能力之基礎，將其整合並轉化為文字之美。這是在語文教育中不可不讀的好書。期待我們都能因這本好書，而有所成長與躍升。

一本嘉惠學子，增進寫作功力的好書

新北市天主教恆毅中學校長

　　汪老師的寫作教學資歷豐富、功力深厚，有相當知名度；為使更多學子共沐春風、雨露均霑，而出版此書推廣，實在值得讚許！個人閱覽這本新著文稿時，發現汪老師力求精進之處頗多，特別是「我當小老師」和「披薩圖」兩部分，我十分欣賞。承蒙汪老師邀請而得以「先睹為快」，願藉此隻字片語分享讀者！

有範文、有訣竅，助你克服作文的困擾

新北市私立竹林中學校長 　陳鎔恩

　　看到作文題目不知如何下筆嗎？下筆後又擔心內容字數不夠嗎？汪淑玲老師這本《實戰作文15堂課》有範文、有訣竅，可以解決你這些困擾。

從解構到建構

新北市天主教聖心女中校長

　　大部分的學生都認為寫作文是件極具挑戰性的任務，尤其對號稱數位住民 *(digital native)* 的年輕一代，圖像影音的涉略早已加倍勝過於文字的接觸，因此在學校的作文課看到的是學生絞盡腦汁地寫，老師嘔心瀝血地批改；教學現場中的本國語文領域也不知何時成為令師生們共同受挫的科目之一。在偶然的一次機緣之下認識了汪老師，進一步了解到汪老師對作文的教學熱情以及全系統觀。汪老師的寫作教學是由範例的解構，讓學生們明白各種文體以及題材的寫作步驟與技巧，再引導學生們建構自己的文章，對現階段的孩子們是很好的作文葵花寶典。相信擁有無限創意、敏銳感受、多元生命經驗的學習者，若能夠依循汪老師提點的有效技巧，一定能將腦袋裡許多的素材無障礙地轉化為字裡行間與讀者分享。

開啟作文熱情的好教材

新北市桃子腳國民中小學老師

第一次看到淑玲，是在國三的作文講座，整場講座毫無冷場，現場互動極佳，完全感受不到國三生被動員的無奈。這是講學的高明。

第二次看到淑玲，是在暑期班的作文課，上課時在教室講解作文，下課後成了引導其他老師的指導者。這是教學的研究。

那一年，我的學生拿到了重要的六級分，加分進了師大附中。我的孩子也因為淑玲開啟了對作文的熱情。從此淑玲成了我教學生涯重要的合作夥伴。

拜讀淑玲大作，更是驚訝其在作文教學領域的專業功夫了得，而學生是直接受益者。

這本書正如淑玲其人，溫順易懂、緊扣主旨發展，是作文指導的好教材。和您分享。

輕鬆邁步，盡嘗寫作的甘甜滋味

新北市天主教聖心小學校長　

　　趙寧先生用「少年時的夢想，中年時的窗，老年的避風港」，將寫作喻為我們終身的伴侶，此番體悟如何能得？淑玲老師以她多年的教學經驗，引導讀者從生活中尋寶，讓眼睛、耳朵、大腦合作，然後動手把心中的觸動寫出，提供讀者輕鬆邁步、遨遊其中、盡嘗寫作甘甜滋味之路的訣竅；答案就在其中。

給莘莘學子帶來作文的好成績

國立台灣師範大學華語文研究所多媒體華語課程總監　楊謀揚

　　有的人善於演講、有的人善於作文，有的人善於交際，有的人善於溝通，我認識的淑玲除了有上述優點外，她更於善於「說服」別人！

　　淑玲的新書《實戰作文15堂課》，邀我寫這篇推薦稿，她真的說服了我，但光是一開始打字，我就連打了幾次「吞劍稿」，我想這是命中注定難以動筆的一個原因吧！

　　其實，推、ㄊㄨㄟ的ㄟ，旁邊就是ㄣ，請各位諒解我的「中年手指巴金森症」，無法控制地完成這篇吞劍稿，是多麼的不容易。最重要的是：淑玲老師過往不論在任何工作場所，都是「認真認命不認人」的好夥伴，這本《實戰作文15堂課》的工具書，我相信一定會給作文老師帶來莫大的助益，也會給莘莘學子帶來作文學習上的好成績！

汪老師的作文任意門 無法想像的絕妙

學生家長 宓莉莉

　　好奇的明儒跟著汪老師的腳步進入了「作文任意門」，從剛開始的「不知所措」到現在的「不可思議」，汪老師的百寶箱，實在是無法想像的絕妙呀！

　　如今的明儒仍在「作文任意門」裡遊玩，而在汪老師的指導之下，已從原來不懂作文的「肉腳」成為現在的「NBA」級小作家，這都要感謝汪老師在「作文任意門」裡放滿了孩子們喜歡的活潑、生動、有趣的玩偶，趕走了枯燥、乏味、無聊的惡魔。

【自序】

有一種幸福叫寫作

◎汪淑玲

　　真應該感謝上天，讓我擁有提筆為文的幸福。透過文字，我記錄了生活中的小小感動；透過文字，我梳理了腦海中的想法。於是，回顧這一路走來的風景，我才發現：文字、文章、文學始終是旅途中最親密的夥伴。

　　要感謝的還不只是這些！因為編輯的工作，有幸應邀到學校演講，分享閱讀與寫作的粗淺心得，自此開啟了作文教學的另一扇門。打開這扇門，走進教室，看到的是一張張可愛的、童稚的臉孔，聽到的是一句句天真的、有趣的童言童語，在每周和孩子的相處中，我陪著孩子們閱讀、寫作，沉浸在教與學的幸福中。

　　本書〈好文章，拍拍手〉單元中，所選錄的每篇佳作就是這些學生的作品。因為學生的年齡層從小學三年級到國中一年級，所以分屬不同的作文班，而

在每次的授課時，我總是依據年齡層與寫作程度規畫不同的教案與作文題目。這些教案有的是透過提問，刺激學生思考，找出自己的經驗；有的是實際給孩子一顆棉花糖或一尾小魚干，讓他們仔細的看、用心的聞，再放在嘴裡慢慢的嘗。這些引導活動，不是噱頭，而是為了讓學生們深刻的體會到寫作技巧，進而應用出來，內化為自己的寫作祕訣。我將這些教案和寫作技巧分享在〈寫作文，有訣竅〉單元中，歡迎大家參考。

　　寫作文不是一件容易的事，它需要整合想像、觀察、思考、組織、判斷等各種能力，因此我們實在不應該過分苛刻的要求孩子：「自己想！」換句話說，適當的提供素材是必要的。在〈暖暖身，準備好〉單元中有我為學生們準備的寫作素材。至於〈我當小老師〉的單元，則是將教學實務中真真實實遇到的「病句」列舉出來，這些「病句」有的是「小感冒」，修改幾個字詞，讓文章更高級就可以了；但有的比較嚴重，需要調整句子的先後順序，才能避免跳接凌亂的毛病。如果說〈好文章，拍拍手〉單元的設計是為了

讓孩子「見賢思齊」，建立「有為者，亦若是」的信心，那麼〈我當小老師〉單元便是提醒孩子「見不賢而內自省」，透過修改他人的病句，發現、進而改正寫作時常見的小缺點。最後，〈小作家，顯身手〉單元，則提供作文題目與一段引導短文，希望孩子們能「心動不如行動」，身體力行的練筆，寫出一篇完整的文章。

總的來說，這本書共「15堂課」中，每堂課都包含了五個單元，希望在豐富而緊湊的引導中，循序漸進的培養出優秀的寫作能力。

我的學生都知道，他們上的是「作文魔法學院」，所以不能再寫出「麻瓜」的文章，很高興威廷、俊毅、誌鴻、樂嘉、黃瓏、翼賢、許禎、欣儀、昱德、許寧、明儒、聖哲已脫離「麻瓜」行列，晉身為魔法學院的高材生，更謝謝他們的慷慨，讓我能將他們的佳作收錄在本書中。

能寫作、能教學、能得天下英才而教之是幸福的，而在這路上，能獲得許多教育界前輩、好友的情

義相挺更是幾輩子修來的福氣。在這裡，要特別感謝新北市天主教光仁中學林沛英校長、新北市天主教恆毅中學卓明楠校長、新北市私立竹林中學陳鐘恩校長、新北市天主教聖心女中魏雪玲校長、新北市桃子腳國民中小學蔡宜芳老師、新北市天主教聖心小學畢明德校長、國立台灣師範大學華語文研究所多媒體華語課程楊豫揚總監、學生家長安莉莉女士惠賜推薦小語。

　　繼去年的《決勝作文16堂課》之後，這本《實戰作文15堂課》是我的第二本作文書。曾經以為年少時期那「著作等身」的夢想，永遠只會是個夢想，但現在，我彷彿看到自己正朝著這個夢想一步步的前進。謝謝我的舅舅，是他，在我的童年，為我買了人生第一套彩色故事書，或許遠在天堂的他，從來不知道這套書給了我多大的影響，但，我知道。

　　我想，我一定是累積了好幾輩子的福氣，才能在這一路上得到多位長輩的關愛，好友的鼓勵，謝謝大家，謝謝上天！

目錄

聯合推薦 002

自序　　　　有一種幸福叫寫作／汪淑玲 010

第 1 課　　先列舉再總結，讓作文變簡單 016

第 2 課　　我的文章有畫面 026

第 3 課　　有聲有色有心情 038

第 4 課　　小題大作，感官總動員 050

第 5 課　　聚焦主題，向多餘的材料說不 064

第 6 課　　有故事，更精采 076

第 7 課　　獨具慧眼，發現特色 088

第 8 課　　小小動詞，大大重要　　　　　　　100

第 9 課　　把最精華的豬肚留給最精采的過程　112

第 10 課　　把抽象的心情變具體　　　　　　　126

第 11 課　　古典美・時尚感・文學味　　　　　138

第 12 課　　先理解再擴寫，讓文章言之有物　　154

第 13 課　　特別的經驗，珍貴的體悟　　　　　166

第 14 課　　過去與現在，變與不變　　　　　　178

第 15 課　　循序漸進寫想法　　　　　　　　　190

第 1 課

先列舉再總結

讓作文變簡單

好文章，拍拍手

生病的時候，我希望……　　　　　　　　◎沈威廷

　　生病的時候，我希望有人送我一束玫瑰花。因為玫瑰花很漂亮，我很喜歡，而且玫瑰花的紅色花瓣，表示朋友對我的愛與關懷，我會把鮮豔的玫瑰花插在透明的花瓶裡，讓沉悶的房間變得朝氣蓬勃。所以如果有人送我玫瑰花，我會很高興，並會對他說：「謝謝你！」

　　如果有朋友來家裡看我的話，我也會很開心。因為生病的時候，只能待在家裡休息，哪裡都不能去，實在很寂寞，但是只要有朋友來探望我，就會有人陪我聊天、玩遊戲，讓我感到溫暖，不再唉聲嘆氣、悶悶不樂。

　　生病的時候，我希望能去著名的阿里山看日出。在那裡，不但能欣賞到繽紛的自然美景、呼吸新鮮的空氣，更可以看到充滿希望與活力的日出。

我相信，太陽剛升起時，天空從昏暗變成明亮的那一剎那，一定能讓我深受感動，而在燦爛陽光的照射下，我也可以增加抵抗力，早日康復。

生病的時候，我最希望的就是能盡快戰勝病魔，讓身體趕快好起來，所以我必須聽從醫生和媽媽的指示，按時吃藥、多喝水、多休息，只要我的病好了，媽媽就可以放下心中的大石頭，不必再為了照顧我而忙碌，而我也可以再到學校和同學一起玩。

每個人都不喜歡生病，但是萬一生病了，我希望收到一束慰問的玫瑰花、有朋友的問候、欣賞阿里山的日出和快快痊癒，恢復健康，不過，生病的時候，我最最希望的就是下次不要再生病了。

評析

寫作文，有訣竅

初學作文的人，不必急著賣弄艱深的詞彙，

更無須應用高級的修辭法，把句子修飾得「美輪美奐」，而應該努力學習將自己的想法充分的表達出來。這篇〈生病的時候，我希望……〉就是一個簡單的題目，只要寫出自己在生病時的所思所想就可以了。

　　教學時，我以提問的方式，邀請學生們說出生病時的希望，並將這些小小的希望以心智繪圖的方式呈現在黑板上，接著，我繼續請學生說明，為什麼生病時會有這些希望。透過這樣的腦力激盪與發表，可以整理出「收到卡片」、「吃麥當勞」、「回阿嬤家」等各種希望，這些林林總總的希望就是學生們寫作的素材。他們可以從中選出三到四個符合自己想法的，加以發揮，並且讓每種希望自成一段。我們試算一下，如果每段都有80到100字，那麼四段相加，就至少有300到400字的基本量，這種化整為零的「列舉」方式，能大幅降低寫作門檻，建立寫作信心。只要學生們覺得寫作文好像「也沒那麼難了」之後，

便可適時的建議學生，將前面四段的希望，分別歸納成一至兩句話，並一起放進最後的第五段，如此一來，每段之間能夠相互連貫，文章也有了總結。

　　三年級的威廷就是應用這種「先列舉再總結」的技巧，完成這篇文章的。

　　或許有人要擔心，如果一開始學生們根本不敢或不想回答問題時，那麼如何能將他們的想法收集到黑板上呢？這的確是個問題，但不難破解。就來玩遊戲吧！那個孩子不愛遊戲呢？我可以拿個小布球，讓學生一邊背唐詩，一邊傳球，當我的哨聲響起時，球在誰手上，誰就必須「貢獻」他的希望；或者，也可以不用任何道具，只要一個「終極密碼」的小遊戲。當兩個數字之間的距離愈縮愈小，課堂的氣氛就會愈來愈緊張，最後「幸運」說中老師設定的數字的同學，也就理所當然成為我們的希望貢獻者。當然，這些勇於分享的同學令人敬佩，值得大家給他們熱烈的

掌聲！

我承認，寫作文是眾多科目中比較困難的，因為它需要整合更多的能力，才能完成，因此，在按部就班的培養過程中，最好搭配愉悅的學習氛圍，和「把複雜變簡單」的技巧提點。

 引導

我當小老師

這是一段〈生病的時候，我希望……〉的結尾，你會不會覺得這樣寫有些怪怪的？請你當作文的小老師，幫忙修改吧！

生病時，如果我的朋友能這麼做，如果換成是朋友生病了，我也會去探望他、寫卡片給他，和買好吃的漢堡給他吃，希望他能早日康復。

參考答案

生病時，如果我的朋友能<u>來</u>探望<u>我</u>、寫卡片給<u>我</u>、買好吃的漢堡給<u>我</u>，那麼<s>這麼做</s>，<u>我會很</u>

高興。而且如果<u>有一天</u>換成是朋友生病了，我也<u>會這麼做</u>去探望他、寫卡片給他，和買好吃的漢堡給他吃，希望他能早日康復。

暖暖身，準備好

　　生病的時候，你有什麼希望呢？威廷希望有朋友來探望、昱德希望收到一張慰問的卡片，那麼你呢？請先將你的希望整理到以下的星形圖中，再說說為什麼？你可以自己想出生病時的希望，也可以輕聲的和朋友討論。

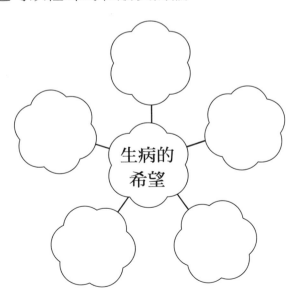

小作家，顯身手

題目：生病的時候，我希望……

引導說明：

　　「哈秋！哈秋！」感冒時，喉嚨痛、鼻塞、流鼻水，還咳個不停，真是難過啊！「哎唷！哎唷！」吃壞肚子時，肚子痛、廁所跑不停，有時醫生還交代暫時不能吃東西，讓腸胃休息，真是可憐啊！沒有人喜歡生病，但是如果生病了，你會有什麼希望呢？這個希望是需要別人幫你做，還是你自己就可以完成？你為什麼會這樣希望？是因為這樣可以讓你的心情變好，身體變健康嗎？還是有其他的原因？如果可以達成這些希望，你會如何感謝幫助你的人？請以〈生病的時候，我希望……〉為題，寫一篇首尾俱足的完整文章，把自己的想法表達出來。

第 2 課

我的文章有畫面

好文章，拍拍手

我看見風了 ◎劉俊毅

　　你看見風了嗎？我看見了！風在搖擺的樹葉旁，風在五顏六色的風箏旁，風在不斷翻動的書本上。

　　風一來，公園裡的樹葉就跳起舞來。樹葉們左搖搖右擺擺，還發出嘻嘻哈哈的笑聲，仔細一聽，樹葉好像在對風說：「歡迎你也來一起玩吧！」我看見風高興的和樹葉玩著捉迷藏的遊戲，它一下子藏在樹幹後面，一下子躲在樹梢上，樹葉們怎麼樣都捉不到它，真有趣！

　　天空中飛起了五顏六色的風箏，我看見風又跑到那裡去了。風箏好像在比賽誰飛得高，誰飛得遠。它們從高空中往下看，看到了綠油油的稻田、高高低低的房子和蜿蜒的河流，我對著它們用力的揮手，希望它們也能看到我。真羨慕風箏

可以飛得那麼高，如果我是風箏，我一定會好好的謝謝風，因為有風，風箏才能展翅高飛。

風在我的科學書上。風好像和我一樣，很喜歡看科學書，只要我一打開書，它就跑來跟我一起看，但是風看得太快了，不等我看完，就想把書頁吹過去，急著翻到下一頁，我只好拜託風：「別再吹了，我還沒看完呢！」我覺得風這樣囫圇吞棗的看書，一定什麼也學不到！

誰說風看不到？只要我們細心觀察，一定能發現風總是圍繞在我們的身邊，和我們形影不離。我看見風了，你看見了嗎？

評析

寫作文，有訣竅

「我家門前有小河，後面有山坡。山坡上面野花多，野花紅似火。小河裡有白鵝，鵝兒戲綠波……」哇！這首兒歌裡有小河、有山坡、有野

花、還有白鵝呢！聽這首兒歌，腦海中也會自然的浮現出一幅熱鬧歡樂的畫面。

　　寫文章前可以先在腦中描繪一幅畫面，再把畫面中的一景一物細細的描寫出來，讓讀者透過你的文字，欣賞到這幅圖畫。這篇〈我看見風了〉就是很好的例子。俊毅先在腦海中勾勒出風吹樹葉、風箏和書本的畫面，再透過細部的描寫，把樹葉搖晃、風箏飛翔和書本翻動的模樣一句一句的寫出來，並從這些景物的「動作」來證明他「看見」風了。

　　很多人初學寫作，常常會因為字數不夠而感到痛苦。說實在的，字數夠不夠，不是重點，最重要的是，描寫得豐不豐富，表達得完不完整。舉個例子來說吧！當題目是〈我喜歡春天〉時，如果只寫了：「我喜歡春天，因為春天很美麗。」這樣的句子，因為過於簡單，而讓讀者的腦中只有十分籠統的「美麗」二字，至於是怎樣的美麗？因為有哪些景物而美麗？則完全沒說清

楚。要改善這個毛病，一點都不難，我們一起試試看！

　　現在，請閉上眼睛，想像一下，說到春天，你的腦海會出現怎樣的畫面，畫面中又有哪些景物呢？綠葉、小花、蝴蝶、蜜蜂、微風、春雨、陽光……很好，接著，我們將這些景物組合到句子中，並適時的加上形容詞，於是原本單薄的句子長高了：「我喜歡春天，因為春天有萬紫千紅的花朵和青青的草地。春天一來，蝴蝶和蜜蜂會在花叢中採蜜，樹葉也搖來搖去，好像在和風一起跳舞。」你看，夠神奇吧！因為加進了景物和形容詞，不僅模糊的「美麗」二字，變得具體了，文章的畫面也豐富了起來呢！

 **引導**

我當小老師

　　「風在旋轉的風車上。」仲威也想以〈我

看見風了〉為題，寫一篇文章，所以他寫了這句話，但是，很顯然的，光是這句話絕對無法構成一個完整的段落。現在請你當仲威的小老師，幫忙他在文章的「畫面」中放進更多的景物，再加上適當的形容詞，完成一段內容充實的段落吧！

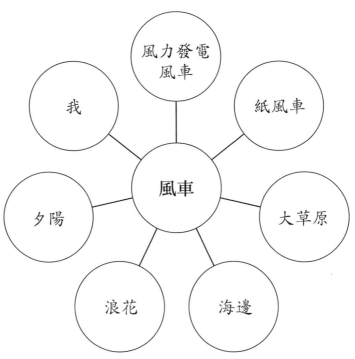

實戰作文15堂課

　　風在旋轉的風車上。海邊矗立著高高的風車，海風呼呼的吹著，風車也快速的轉著圈圈，風車說：「風啊！謝謝你，你用力的吹，我才能一直轉，轉出更多的電給人們使用。」我也把手上的紙風車舉得高高的，讓風把它吹得團團轉，紙風車嘩嘩嘩的笑了，我也高興的大喊：「我看見風了，我看見風了，風就在我的風車上！」

暖暖身，準備好

1. 下面這段短文中，描寫了哪些秋天的景物呢？請圈出來。

　　當山上的楓葉變紅了，原本綠油油的稻田裡，結滿黃橙橙的稻穗時，我知道：秋天來了！呼！冷冷的秋風一吹，樹上枯黃的落葉紛紛掉落下來，我輕輕的撿起一片落葉夾進書中，啊！這葉子書籤就是秋天送給我的禮物。

2. 描寫冬天的文章中，會有哪些景物呢？請為以下的括弧填進合適的詞彙。

　　叮叮噹！叮叮噹！冬天是我最期待的季節！那紅豔豔的（　　　　）和一曲曲的耶誕歌似乎都在告訴著我：（　　　　）快到了。我準備了一張張的（　　　　），送給我的好朋友，希望大家都能有個充滿歡樂笑聲的耶誕節。

　　蓁蓁鏘！蓁蓁鏘！冬天是我最期待的季節！市場中一塊塊的（　　　　）和香噴噴的各式（　　　　）似乎都在提醒著我：（　　　　）快到了。我穿上媽媽為我準備的（　　　　），高高興興的等待著除夕夜的（　　　　）。

參考答案

1. 楓葉、稻穗、秋風、落葉

2. 叮叮噹！叮叮噹！冬天是我最期待的季節！那

　　紅豔豔的（**耶誕紅**）和一曲曲的耶誕歌似乎都在告訴著我：（**耶誕節**）快到了。我準備了一張張的（**賀卡**），送給我的好朋友，希望大家都能有個充滿歡樂笑聲的耶誕節。

　　蓁蓁鏘！蓁蓁鏘！冬天是我最期待的季節！市場中一塊塊的（**年糕**）和香噴噴的各式（**年菜**）似乎都在提醒著我：（**春節**）快到了。我穿上媽媽為我準備的（**新衣服**），高高興興的等待著除夕夜的（**團圓飯**）。

小作家，顯身手

題目：我看見風了

引導說明：

　　人們總認為風是來無影去無蹤的，但是我們又能真真實實的感覺到風的存在。有時一陣微風吹過，我們看到公園的小花小草迎風搖曳；有時呼呼的強風吹來，害得行人的雨傘開花；有時不知從哪裡來的一陣怪風，把我們的頭髮吹亂，把衣服吹得鼓鼓的。所以，風，真的看不見嗎？你曾經在哪裡看過風呢？請以〈我看見風了〉為題，寫一篇完整的文章。

第 3 課

有聲有色有心情

範文

好文章，拍拍手

我的祕密花園　　　　　　　　　　◎陳誌鴻

　　我有一座祕密花園，它在一個十分隱密的地方。這座祕密花園裡花團錦簇、五彩繽紛，真是美麗。

　　因為這是一座專屬我自己的祕密花園，所以我把它的通道設計得很隱密，除了我之外，沒有別人知道。想去時，我只要輕輕的按下房間的按鈕，就會出現一個透明的門，推開這扇門，就可以到達目的地。

　　我在花園裡種了高大挺拔的樹木、萬紫千紅的花，春天時，我坐在花圃中聞著陣陣的花香，欣賞蝴蝶穿梭花間，翩翩起舞；夏天時便到樹下乘涼，聽樹上的蟬唧唧唧的高聲歌唱。我還用各種奇岩怪石圍了一座清澈的小池塘，池塘裡鋪著一張張碧綠的荷葉，大大小小的魚自由的在池中

優游，青蛙也站在荷葉上嘓嘓嘓的朗誦著詩歌。

　　無聊的時候，我喜歡到祕密花園，舒服的躺在柔軟的草地上，看著蔚藍天空中的朵朵白雲，讓微風吹拂我的臉頰。祕密花園裡的小動物們，都是我的好朋友。當我傷心難過時，牠們會靜靜的坐在我的身旁陪伴我；當我快樂開心時，我會和牠們分享喜悅。

　　我的祕密花園是我生命中最美好的地方，我會好好珍惜它、保護它，讓它能永遠的陪在我的身旁。

評析

寫作文，有訣竅

　　「春神來了怎知道？梅花黃鶯報到，梅花開頭先含笑，黃鶯接著唱新調……」這首兒歌以梅花含笑和黃鶯唱歌來描寫春天的景色和聲音，讓人能完全的感受到春天的朝氣蓬勃和活潑歡快！

「春眠不覺曉，處處聞啼鳥。夜來風雨聲，花落知多少？」這是唐朝詩人王維寫的〈春曉〉，詩中藉著鳥聲、風雨聲和花落寫出春天早晨的情景。注意到了嗎？這兩首歌和詩雖然各自鋪陳了兩種不同的春天景致，但相同的是，它們都應用了寫作時最常用到的技巧：視覺摹寫和聽覺摹寫。

　　這個技巧簡單得很，小學四年級的誌鴻也會，所以他在〈我的祕密花園〉第三段中，靈活的運用了視覺和聽覺摹寫，不僅描繪出花園中的花、樹、蝴蝶、池塘、荷葉、魚和青蛙，也恰當的穿插了唧唧蟬聲和嘓嘓蛙鳴，呈現出「有聲有色」的景象。

　　如果文章只到這裡就結束了，那麼它充其量只能說是一篇「寫景如畫」或「文中有畫」的作品，雖然美麗，卻感覺不到作者的「情感」，那種感覺就好像喝一杯白開水，不能說不好，但就是太淡了，沒有滋味。聰明的誌鴻緊接著在第四

段以無聊時、傷心時、快樂時傳達出自己在花園中的心情，凸顯了這座祕密花園的重要，也自然的串連到末段中「珍惜它、保護它」的想法。

　　這種「視覺＋聽覺＋心覺」的組合，適用於所有描寫景色的文章，從小到大必寫的〈戶外教學記〉就是這類文章的代表，學會了這個小訣竅，以後再遇到這類題目，你就能得心應手，文思泉湧。

　　總之，寫描景文時，腦海中先浮現以下的星形圖，再應用「有聲有色有心情」的訣竅就對了！

視覺摹寫
景物的顏色、形狀等

我的
祕密花園

心覺摹寫
心情、感受
、想法

聽覺摹寫
景物的聲音

我當小老師

描寫景物可以由遠景拉到近景，也可以從近景推到遠景，但是最好避免忽遠忽近的跳接，造成文章「畫面」的凌亂。以下的這段描述，就犯了跳接的毛病，現在請你當作文的小老師，幫忙修改一下吧！

那一天，我和爸媽到山上踏青。沿路上，不少大樹已長出新的葉子，嫩嫩綠綠的，顯得生氣盎然。看到這麼美麗的風景，遊人們紛紛拿起相機，按下快門，希望將這美景永遠的收藏起來。到了山上，盛開的櫻花將山坡妝點成雪白、粉紅、桃紅的花海。山上還有一座小湖，碧綠的湖水上，幾隻鴨子在上面游著，泛起了陣陣漣漪。風一吹來，櫻花搖曳生姿，杜鵑花也在一旁盡情綻放，彷彿要和櫻花比美。

那一天，我和爸媽到山上踏青。沿路上，不少大樹已長出新的葉子，嫩綠嫩綠的，顯得生氣盎然。到了山上，盛開的櫻花將山坡妝點成雪白、粉紅、桃紅的花海，風一吹來，櫻花搖曳生姿，杜鵑花也在一旁盡情綻放，彷彿要和櫻花比美。山上還有一座小湖，碧綠的湖水上，幾隻鴨子在上面游著，泛起了陣陣漣漪。看到這麼美麗的風景，遊人們紛紛拿起相機，按下快門，希望將這美景永遠的收藏起來。

暖暖身，準備好

如果請你先將祕密花園的景色畫出來，你的圖畫中會出現什麼呢？花，那是當然的，但是你會特別想在花園中種什麼花嗎？你會花園中，聽到什麼聲音呢？你會在花園中做什麼事？這花園會帶給你怎樣的心情和感受？請轉動你的腦袋，盡情的描繪這幅圖畫，再將圖畫中零零碎碎的細

節整理到以下的披薩圖吧！

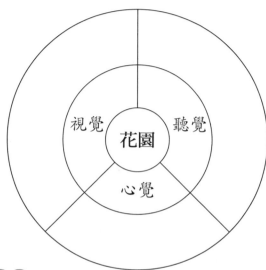

參考答案

寫作練習

小作家，顯身手

題目：我的祕密花園

引導說明：

　　你想要擁有一座專屬於自己的祕密花園嗎？如果可以，你要如何設計你的花園？除了花草樹木之外，花園中還會有小動物或小木屋嗎？花園中，一年四季會有不同的景象或聲音嗎？你會在花園中做什麼？或者把什麼特別的東西藏在花園中？你會在什麼時候到這座花園，而每次到這座花園時，你的心情如何？請以〈我的祕密花園〉為題，寫一篇首尾俱足的完整文章。

第 **4** 課

小題大作

感官總動員

範文

好文章，拍拍手

一顆棉花糖 ◎陳樂嘉

想不到一顆小小的棉花糖，竟然能有如此奇妙的想像和滋味！

今天上作文課時，老師說要請大家吃一樣神祕的糖果，要我們仔細觀察它的外表、體會它的滋味。當我心裡正好奇那會是一顆怎樣的糖果時，老師已經將糖果發下來了。我手上拿著糖果，映入眼簾的是一顆小巧玲瓏、鵝黃色的棉花糖，我將它湊近鼻子，深深的吸了一口氣，哇！一股濃郁的香味撲鼻而來，彷彿告訴我：「快吃吧！」於是我緩緩的將它送入口中，軟軟的棉花糖在我的口中漸漸融化，一種幸福的感覺隨著香味蔓延開來。

小小的棉花糖帶著我走進了時光長廊，讓我回想起二年級時參加的童軍營隊。當時大家親

自生火、煮飯，忙得不亦樂乎，飯後，老師給了我們一包色彩繽紛的棉花糖，並建議我們放在火上烤。烤棉花糖？真是新鮮，我從來沒想過，糖果也可以放在火上烤。當棉花糖的外皮變成有點焦焦黃黃時，我迫不及待的一口咬下，「喀！」酥酥的外皮在我口中發出清脆的響聲，接著便是軟滑且彈性十足的口感。大家開心的吃著烤棉花糖，此起彼落的笑聲環繞在營火的四周，我想，大家應該都和我一樣，享受著棉花糖帶來的歡樂氣氛吧！

　　原本以為那段第一次吃棉花糖的往事，已經埋藏在記憶深處，但是因為今天的作文課，這顆小小的棉花糖，竟然勾起了過去的回憶。雖然吃棉花糖的地點不同，兩種棉花糖的口感也不一樣，但是，我都能感受到那種濃濃的幸福滋味。

寫作文，有訣竅

「蛋炒飯／最簡單也最困難／飯要粒粒分開／還要沾著蛋……」這是庾澄慶唱的〈蛋炒飯〉。這句歌詞中以「粒粒分明」和「沾著蛋」來描寫的蛋炒飯的外觀。是的，描寫食物，如果只是堆疊好吃、美味可口、垂涎三尺、大快朵頤這些形容詞或成語，恐怕寫不了三行就「江郎才盡」了。那麼，該怎麼辦呢？

我以夏天最受歡迎的「冰」來舉例。「當時的刨冰機是手搖的，看老闆從木箱中拿出一大塊晶亮的冰塊，軋入刨冰機中，然後飛快地搖轉起來時，那冰屑就像雪花一般，一片一片飛落盤中，俄頃堆積成一座小冰山。」古蒙仁不愧是大作家，等待吃冰的空檔也不會放空，他細細的觀察著老闆的動作，和冰屑落進盤中的姿態，讓人沒吃冰，也能

感受到冰涼清爽的滋味。接著，他繼續寫著：「老闆再淋上糖水，光看這等光景，已讓人消去大半暑氣，等端在手中，一匙一匙挖入嘴裡，冰花瞬即溶化，溶入舌尖，那種沁涼暢快的感覺，足以將豔陽溶化掉。」這一小段文章，把吃冰「一匙一匙挖」的動作，和「冰花瞬即溶化，溶入舌尖」的味覺描寫得靈活生動。

　　當然，對於沒吃過蛋炒飯或冰的人來說，就算讀了一百篇名作家的文章，大概也很難想像這食物的滋味，因此，就像樂嘉說的，我一上課，便發下棉花糖，讓他們學習透過眼睛、鼻子、嘴巴等感官，「小題大作」的描寫「一顆棉花糖」，最後再請大家好好想想，這是第一次吃棉花糖嗎？如果是，那麼這棉花糖和其他的糖果有什麼不同？如果不是，那麼請回憶以前吃棉花糖的經驗：何時吃的？在哪裡？味道一樣嗎？

　　經過這樣的引導，完成後的文章中不只包含了視覺、嗅覺、味覺等元素，還因為加入了回憶的

故事，而更能提高讀者的閱讀興趣。所以，描寫食物時，請啟動身體的所有感官，不僅寫它進到嘴巴的感覺，也可以描寫它的模樣、特殊的聲音或香味、摸起來的觸感，最重要的是，這東西吃進嘴巴引起的心情變化，如同樂嘉所寫的：「小小的棉花糖，竟然勾起了過去的回憶……感受到那種濃濃的幸福滋味。」

引 導

我當小老師

　　在文章中應用誇飾法，有時可以增加內容的趣味性，但如果拿捏不當，過於誇張，便會造成反效果。以下這兩段描述，就是誇張得過頭了，現在請你當作文的小老師，幫忙修改一下吧！

1. 今天上作文課的時候，老師給我們吃棉花糖，當我一看見那一顆棉花糖時，便迫不及待，將它一口吃進了嘴巴裡。那濃濃的香味，在我嘴巴裡蔓延開來，我覺得自己好像升了天，有一

種重生的奇妙感覺。

2. 三歲時，爸爸買給我人生中的第一包糖果，那也是我人生中第一次發現原來這東西這麼好吃。買回家後，我和奶奶大快朵頤的吃起了棉花糖，奶奶一邊跟我玩，一邊跟我分享人生中的第一顆糖果。那時是我人生中最快樂的時候。

參考答案

1. 今天上作文課的時候，老師給我們吃棉花糖，當我一看見那一顆棉花糖時，便迫不及待，將它一口吃進了嘴巴裡。那濃濃的香味，在我嘴巴裡蔓延開來，我覺得自己好<u>快樂像升子天</u>，有一種<u>快要飛起來重生</u>的奇妙感覺。

2. 三歲時，爸爸買給我~~人生中的~~第一包糖果，那~~也是我~~人生中第一次發現原來這東西這麼好吃。買回家後，我和奶奶<u>開心</u>大快朵頤的吃起了棉花糖，奶奶一邊跟我玩，一邊跟我分享<u>那一包</u>人生中的第一顆糖果。<u>現在回想起來，</u>那

時<u>的</u>是我<u>真是</u><u>人生中</u>最快樂<u>啊！</u>的時候。

暖暖身，準備好

好吃的食物總是色、香、味俱全。以下的文章到底是形容哪種美食呢？你猜得出來嗎？

略帶透明的黑色圓珠沉澱在杯底，輕輕搖晃，立刻跳起水中芭蕾來，它們一下子浮上水面，一下子沉進水底，可愛極了。我揭開杯蓋，一股濃郁的奶香混合著甜甜的紅茶味撲鼻而來。面對這樣的美食，我怎能無動於衷？順著吸管一吸，哇！滿滿的珍珠在我的舌尖翻滾，輕咬一口，那彈牙有勁的嚼感彷彿要把牙齒彈開，真是讓人驚嘆連連的好滋味啊！

以下四段文章分別形容哪種食物呢？請你連連看！

辣味十足，嗆到噴火，挑戰味蕾的極限。	巧克力牛奶
濃濃的巧克力甜而不膩，搭配頂級的鮮奶，淺嘗一口，那香醇的滋味便在舌間蔓延開來。	草莓奶油鬆餅
煎得恰到好處的牛肉，被酥脆的外皮捲在裡面，一口咬下，肉汁瞬間爆開，那美妙的滋味，讓人一口接一口，停不下來。	勁辣雞腿堡
綿密的鬆餅上，幾顆嬌豔欲滴的草莓，搭配甜得恰到好處的鮮奶油，吃過的老饕都讚不絕口。	牛肉捲

辣味十足，嗆到噴火，挑戰味蕾的極限。

巧克力牛奶

濃濃的巧克力甜而不膩，搭配頂級的鮮奶，淺嘗一口，那香醇的滋味便在舌間蔓延開來。

草莓奶油鬆餅

煎得恰到好處的牛肉，被酥脆的外皮捲在裡面，一口咬下，肉汁瞬間爆開，那美妙的滋味，讓人一口接一口，停不下來。

勁辣雞腿堡

綿密的鬆餅上，幾顆嬌豔欲滴的草莓，搭配甜得恰到好處的鮮奶油，吃過的老饕都讚不絕口。

牛肉捲

寫作練習

小作家，顯身手

題目：一□○○

引導說明：

　　一顆紅紅的蘋果，吃進嘴巴裡是怎樣的滋味？一隻肥滋滋的雞腿，拿在手上，是怎樣的感覺？一片薄薄的口香糖，嚼著嚼著，又會嚼出怎樣的回憶？除了視覺、嗅覺、味覺等感官之外，許多食物進入胃裡，往往會在心中觸動某種情感，憶起某段陳年的往事？請以〈一□○○〉為題，寫一篇完整的文章。題目中的○○可以是櫻桃、哈密瓜等水果，可以是開心果、豬耳朵等零食，也可以是紅豆餅、雞蛋糕等巷口小點心，而隨著食物的不同，□的量詞自然也必須調整。寫作時除了描寫食物的外型、香氣和滋味之外，也請鋪陳你和這食物間的回憶。

第 **5** 課

聚焦主題
向多餘的材料說不

範文

好文章，拍拍手

赤腳走在……　　　　　　　　　　　　　　　◎黃瓏

　　我在那涼爽的清晨睜開眼睛，打開窗戶，看見的不是車水馬龍的繁忙街道，而是一片綠意盎然的山林美景；迎接我的不是刺耳的鈴鈴鬧鐘，而是鳥兒為我演唱的動人樂章。

　　走出小木屋，映入眼簾的是一片翠綠的草地，清晨的陽光溫柔的照著它們，晨露還停留在它們的身上，那晶瑩剔透的小水珠，在陽光的照耀與小草的襯托下更顯亮麗。「這樣可以嗎？」雖然遲疑了一下，但我還是脫下了鞋子，赤腳走上草地，頑皮的小草搔著我的腳，刺刺的、癢癢的、滑滑的、涼涼的感覺，逗得我哈哈大笑。我的笑聲引來了表哥表弟的好奇，他們也學我赤著腳漫步在柔軟的草地上。

　　柔軟的草地像一張超級大地毯，走在上面，

微風輕拂著我的臉頰，小草從我腳邊滑過，一陣又一陣的草香撲鼻而來，啾啾的鳥鳴迴盪耳際，再加上偶爾從樹上掉落的幾片小樹葉，我彷彿變成了一棵樹，正用溼溼的腳吸收著大地的精華，清涼的感覺令人心曠神怡，所有的煩惱都拋到了九霄雲外。這是我第一次赤腳走在草地上，我走了一遍又一遍，走得不亦樂乎，整個人有種煥然一新、精力充沛的舒暢感，就這樣，我在大自然的陪伴下，度過了一個浪漫的清晨。

　　赤腳走在草地上，是一段珍貴的回憶，我忘不了那晶亮的晨露，忘不了那溼潤的小草，更忘不了那種與大地共舞的感覺。赤腳走在草地上，不需要留下任何的照片，因為那美好的畫面會永遠烙印在我的心裡。

寫作文，有訣竅

「每條大街小巷，每個人的嘴裡，見面第一句話，就是恭喜恭喜！」提到農曆過年，你除了在腦海中出現這首應景的歌曲之外，也一定想起許多和過年有關的景物吧！如果這時，小腦袋中，突然閃過月餅或粽子，那麼你一定也會立刻告訴自己：「喔喔！不對，不對，這兩種東西和農曆新年無關，要刪除！」

是的，寫文章也是一樣，除了要發揮想像力，聯想出各種豐富的材料之外，也要記得「修剪」不適合的材料，讓寫出來的文章更聚焦、更扣合主題。

這篇〈赤腳走在……〉是個開放型的題目，不管是草地、沙灘、田裡都可以當作主題，最重要的是寫出自己的實際經驗與感受。所以，翼賢寫著：「走在一株株嫩綠的小草中，我小心翼翼的走

著，深怕不小心踩到了無辜的小蟲。」嗯！很有愛心，拍拍手；昱德說：「赤腳走在沙灘上，我每走一步，海水就沖刷一次，不知道海是喜歡我的腳印，還是不喜歡我的腳印？」喔！真有想像力；晏塾寫著：「赤腳走在柏油路上，經過了太陽加持後，柏油路已經可以煎蛋了，當腳放上去，就像烤雞腿一樣，溫度好高。」呵呵！太有趣了；明儒說：「赤腳走在家裡，那冰冰涼涼的感覺，彷彿踩在雪地裡，讓我回想起小時候，踩在爸爸的腳上，爸爸輕輕的扶著我，他走一步，我也走一步。」多麼令人感動啊；欣儀寫著：「赤腳走在穀子上，溫暖的陽光灑在飽滿的穀子上，我的腳每走一步，穀子們便害羞的往兩旁散開，我的腳丫像魚，穀子們像河，魚兒迫不及待的撲向河流」哇！這描寫未免也太厲害了吧！別懷疑，他們都是四到六年級的小學生！

　　寫這種很有感覺的題目，不難，難的是要克制自己。怎麼說呢？千萬不要寫得太忘我了，而把

想到的材料統統寫進來，小心離題啊！實際舉兩個例子，你就明白了。「赤腳走在健康步道上，我翻開腳底一看，竟然有凹凸不平的痕跡，那種痛痛的感覺，真讓我哭笑不得。雖然有一些螞蟻，但我們還是玩起了遊戲。」「赤腳走在鄉間的泥土上，能感覺到濃厚的人情味。都市的繁華換不到鄉間的快樂，都市的進步，將我們和大自然相處的機會奪走，所以我覺得，我們應該要珍惜大自然的一切。愛護大自然有很多方法，例如……」發現了嗎，前者寫著寫著便一路滑向在公園玩遊戲，後者則可能失控的衝向「如何做環保」，不是想法有錯，而是偏離了「赤腳走在……」主題。

要避免這種東拉西扯的毛病，有兩種方法：一是在一開始寫作時，便草擬大綱，盡量照著大綱寫，另一種則是在寫作時，每寫好一段就回頭看看題目，自我檢查一下。記得，和主題無關的，一定要刪除！

我當小老師

　　以下的幾段文章都有一點點小問題，請你當小老師，幫忙修改吧！

1. 赤腳走在草地上，有一種不同的感覺，朋友！脫下鞋子，一起來走草地吧！

2. 如果有一天，所有的鞋子都不見了，大家都赤腳踩在某個東西上，不知道會有哪些有趣的事會發生。

3. 赤腳走在田裡，當我踩進溼軟的泥巴裡時，不管我使勁的拔出來，我的另一隻腳又會沉下去，好像泥土裡有一隻手拉著我的腳不讓我前進。

參考答案

1. 赤腳走在草地上，有一種<u>特別</u>不同的感覺，朋友！脫下鞋子，一起來走草地<u>上走一趟</u>吧！

2. 如果有一天，所有的鞋子都不見了，大家都赤

腳~~走著~~踩在某個東西~~上~~，不知道會~~發生~~有哪些有趣的事會發生~~。~~？

3. 赤腳走在田裡，當我踩進溼軟的泥巴裡時，~~腳便立刻陷了進去，~~不管我使勁的拔出一隻腳來，~~但~~我的另一隻腳又會沉下去，好像泥土裡有一隻手拉著我的腳，不讓我前進。

暖暖身，準備好

不管赤腳走在哪裡，訂好了主題後，便可以透過眼睛、耳朵、鼻子、手腳和心裡的感覺，收集寫作材料。請試著將這些素材整理在以下的披薩圖中吧！

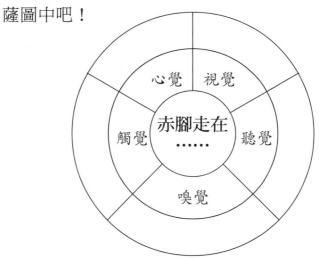

寫作練習

小作家，顯身手

題目：赤腳走在……

引導說明：

　　有人看到清澈的小溪，高興的赤腳走進溪水中；有人淋成了落湯雞，只好脫下溼答答的鞋子，赤腳走在雨中。你曾經赤腳走在哪裡？當時的過程如何？當時的你看到了、聽到了、聞到了、摸到了什麼？心裡又有怎樣的感覺？請以〈赤腳走在……〉為題，寫一篇首尾俱足的完整文章。

第 6 課

有故事，更精采

範文

好文章，拍拍手

我是鼠　　　　　　　　　　　　　　　　◎劉翼賢

　　別以為老鼠都是膽小的，我就是一隻凶猛且壯碩的老鼠！

　　在老鼠王國中，我的體型算是龐大的，加上我那長長的尾巴，和像花豹一樣鋒利的腳爪，一看就是一隻不平凡的老鼠，所以大家都稱我為鼠老大。我身上的灰毛雖然稀稀疏疏的，看起來不怎麼帥氣，但我那雙黑豆似的圓眼珠，總是咕嚕嚕的轉著，一有風吹草動，便能立刻跑走。說到跑步，我可是高手中的高手，我只要將後腳一墊，抬起前腳就能縱出好遠，我的鼠兄鼠弟們無不羨慕我的這項專長。事實上，我的專長還不只如此，我的反應機靈，一遇到危險的事，總能迅速的逃得無影無蹤，所以那些養尊處優的貓想要抓到我，可是比登天還難。

　　有一天晚上，我聞到一陣濃濃的飯菜香，便躡手躡腳的鑽進一戶人家，趁著人們熟睡的時候，我後腳一蹬，前腳一抓，就跳上了餐桌，對著桌上的美味菜餚大快朵頤一番，沒想到一不小心，腳竟被桌縫夾住了，我忍住痛，使勁的拔，但是不管我多麼用力都沒辦法掙脫。隨著時間一分一秒的過去，我知道只要天一亮，人們一起床，我一定就完蛋了。看著鮮血直流的腳，我決定用銳利的牙齒撕開腳上的皮，讓我的腳變細。我憋住氣，一層一層的撕，一層一層的咬，終於我拔出傷痕累累的腳，跳下餐桌，一跛一跛的逃回家。

　　經過那次的歷險記，我不再衝動、自以為是了，看到人類的房子時，也能判斷什麼時候可以進去，什麼時候不能進去。現在，我的身體依然胖胖圓圓的，爪子也一樣鋒利，但我不再驕傲急躁，因為我那特別細的右前腳總是提醒著我，要更加的謹慎小心。

評析

寫作文，有訣竅

「○○，○○，你的鼻子怎麼這麼長？」猜猜看這首兒歌中的主角是誰？答對了！是大象！這首兒歌因為精準的寫出了大象的特色，所以你一猜就猜到了。寫文章也是一樣，要把握主角的外型、個性或喜好等特色，才能讓別人很快的認識你所描述的對象。

這篇〈我是鼠〉是自述類的文章，就是寫作者要假設自己是主角，除了介紹主角的外型及個性之外，更要設身處地的寫出主角的心情與故事，因此要寫好這樣的文章，需要發揮觀察力和想像力：觀察力能精準的描寫主角的外觀，而想像力則有助於揣摩主角的心情。

翼賢在首段便開門見山的說明主角「我」是一隻凶猛且壯碩的老鼠，接著透過體型、尾巴、爪子、灰毛、眼睛等細節描述「我」的外觀，並以跑

步、機靈等說明「我」的專長。文章寫到這裡，看起來是把「我」寫得夠完整了，但是遺憾的是，不夠精采。怎麼辦呢？聰明的翼賢想到了一個好辦法：寫故事吧！別忘了，大部分的人都喜歡聽故事的。想像一下，這隻「我」會發生什麼驚險的事，牠又會如何逃脫，藉由故事情節的起伏，主角便跳出了平面的「素描」，變成了立體的、有血有淚的角色。不信的話，你問問自己，在全文的四段中，你最喜歡哪一段？我想百分之九十九點九的人都會回答第三段吧！這，就是「故事」的魅力。

記得，下次看到自述類的題目時，先別急著說些：「我又不是牠，怎麼可能知道牠在想什麼？」之類的怨言，只要在腦中自然浮現以下的星形圖，你就會發現：原來要寫好一篇自述類的作文，一點都不困難！

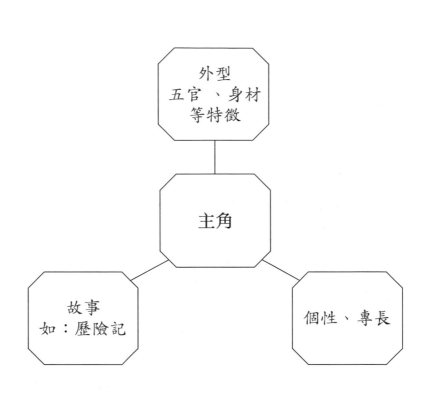

我當小老師

  如果題目是〈我是長頸鹿〉，你一定可以找出這種動物的許多特色。以下的幾段描述，相信是許多人都會想到的，但是，這樣一句一句的敘

述過於片段，必須經過整理並加上一些連接詞，才能成為一個完整的段落。現在請你當作文的小老師，幫忙把以下的資料，連結成一段吧！

我是陸地上最高的動物。

我有長長的脖子，所以能吃到樹上的葉子。

我的身體是淡黃色的，上面還分布著大小形狀不同的棕色斑塊。

我因為長得太高了，不容易從躺著的姿勢站起來，所以總是站著睡覺。

參考答案

　　我是一隻脖子長長的長頸鹿。我有著淡黃色的身體，上面還分布著大小形狀不同的棕色斑塊。因為高，所以我能輕易的吃到樹梢上的葉子，一點都不必擔心，其他的小動物會來和我搶食物，但是，也因為高，我很難從躺著的姿勢站起來，所以只好站著睡覺。身為陸地上最高的動物，我真的不知道，這高高的外型，到底是好還是不好？

暖暖身，準備好

1. 以下兩段短文分別描述了動物的外表、個性等特色，請你把這些特色圈出來吧！

   企鵝好像一位穿著白襯衫，外面還套了一件黑色燕尾服的紳士。牠能在冰冷的海水中游泳，真了不起！

   圓滾滾的外型，配上白色的身體和黑色的眼圈，使得貓熊成為動物園中最受歡迎的動物。牠的個性溫和，喜歡玩耍、睡覺和吃竹子。

2. 你喜歡哪些動物呢？牠們有著怎樣的特色？請為以下的括弧填進合適的詞彙。

   無尾熊的身上長著（　　　　　）色的毛，好像穿了一件（　　　　　）。牠最喜歡吃（　　　　　），一天到晚總是趴在樹上睡覺。

   獅子的外號是（　　　　　）。牠有著一頭（　　　　　）色的鬃毛，看起來特別雄壯威武，好像隨時會把人吃掉。

參考答案

1. 企鵝好像一位穿著 白襯衫，外面還套了一件 黑色燕尾服 的紳士。牠能在冰冷的 海水中游泳，真了不起！

   圓滾滾 的外型，配上白色的身體和 黑色的眼圈，使得貓熊成為動物園中最受歡迎的動物。牠的 個性溫和，喜歡玩耍、睡覺 和 吃竹子。

2. 無尾熊的身上長著（棕）色的毛，好像穿了一件（毛茸茸的大外套）。牠最喜歡吃（油加利樹的樹葉），一天到晚總是趴在樹上睡覺。

   獅子的外號是（萬獸之王）。牠有著一頭（金黃）色的鬃毛，看起來特別雄壯威武，好像隨時會把人吃掉。

寫作練習

小作家，顯身手

題目：我是○

引導說明：

　　這是一篇自述類的文章，題目中的○由你自己決定，○可以是有生命的動物、植物，也可以是無生命的物品，如杯子、鉛筆等。寫作時，請假設自己就是文章中的主角，除了描寫主角的外形和特色之外，還要將這個主角「擬人化」，寫出牠（它）的故事。

第 7 課

獨具慧眼

發現特色

好文章，拍拍手

我的搖滾爸爸　　　　　　　　　　◎許禎

「厚，又是這首！」媽媽抱怨著。

「爸，太大聲了，我在寫功課。」妹妹也大聲喊著。

每到星期六、日，同樣的場景總是一直重複：爸爸坐在桌前，像一盆植物一樣，動也不動，音響中卻播放著震耳欲聾的西洋搖滾樂。

也不只是西洋搖滾樂，爸爸喜歡各式各樣的音樂，有尖叫嘶吼的、輕快有趣的、像在念經的、溫柔浪漫的，只要看看書房牆上，那一大片的黑膠唱片和CD，就可以知道，爸爸對於音樂的興趣，實在廣泛。

每當音樂響起，爸爸的腳便開始配合節奏，打著拍子，嘴巴也會跟著哼哼唱唱了起來，十分「搖滾」，但奇怪的是，這麼投入的爸爸，卻能

維持上半身不動的姿勢，真是神奇。只是爸爸總是不知不覺的將音樂調得很大聲，常常需要我們的提醒。媽媽說，這是因為爸爸年輕時，時常戴著耳機聽音樂，使得耳朵受損，所以還不到年老，聽力就退化了。

　　儘管聽力退化了，頭上也參雜了幾絲白髮，但是爸爸厚實溫暖的大手始終穩穩的支撐著這個家。而他那熱愛音樂的基因，也遺傳給我和妹妹。最近爸爸發現，只要上Youtube就能找到許多西洋的搖滾音樂，所以那些鄉村的、民歌的、鋼琴伴奏的、吉他獨奏的各種CD，便順理成章的由我和妹妹接收。因為從小的耳濡目染，讓我深深的相信，我的搖滾爸爸是我家最有影響力的大人物！

寫作文，有訣竅

你看過雙胞胎嗎？聽說，就算是雙胞胎，只要你仔細觀察，還是能分辨出他們的不同。因為每個人的長相都不太一樣，所以我們在描寫人物時，應該發揮觀察力，先說說這個人的外表，讓讀者透過你的文章，大致勾勒出這個人的模樣。

以下的句子，你覺得哪一個比較好？

1. 過馬路時，我看到一位老奶奶。她看起來很老很老了。當我扶著她過馬路時，她笑著對我說謝謝。

2. 過馬路時，我看到一位老奶奶。她的頭髮都白了，臉上也有很多皺紋，看起來很老很老了。當我扶著她過馬路時，她笑著對我說謝謝，那時我才發現，她的牙齒都快掉光了。

你一定和我一樣，覺得第二句厲害多了！

在作文的世界中，人物描寫的題目是司空見

慣的，所以，練好外型描摹的基本功是非常重要的。「人物的外型？這簡單，不就是兩個眼睛、一個嘴巴嗎？如果是媽媽就是一頭烏黑飄逸的長髮、一雙大大的眼睛、不高也不矮，不瘦也不胖的身材；如果寫的是爸爸，那就是黝黑的皮膚、粗糙的大手和宏亮的聲音。」是啊，這樣寫當然簡單，但是，怎麼看起來，大家的爸爸媽媽都長得差不多！這「差不多」的另一種解釋就是「沒有特色」。

　　描摹人物時，如果真的從外型上找不出特別之處，那麼，請費心觀察她（他）的動作，就像在這篇〈我的搖滾爸爸〉中，許禎獨具慧眼的發現了爸爸「坐在桌前，動也不動，卻聽著震耳欲聾的搖滾樂」、「腳打拍子，上半身卻能維持不動」，於是，因為許禎的觀察與描寫，文章中的爸爸鮮活了起來，讀者也彷彿身歷其境的看到了一位具有個人特色的搖滾爸爸！

　　描寫人物，要像手持攝影機般，不只拍出人物的外型，更要從動作、個性、嗜好、專長等方

面，發現人物的特色，再配合實際發生的小故事，
呈現動態的畫面，這樣的文章，才精采！

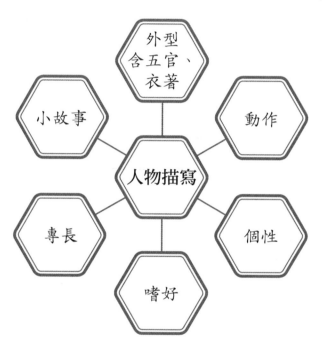

我當小老師

　　金龜車，是金龜還是車？金龜車當然是一種
車，只不過它的外型長得像金龜，所以大家都叫它

金龜車。是的，寫文章時，如果能具體的寫出外型
特色或約定俗成的名稱，大家就能更容易了解你想
形容的東西了。現在請你當作文的小老師，幫忙修
改以下的句子吧！

1. 妹妹穿了一件領子彎彎的、捲捲的衣服，真可
愛。
2. 校園裡種了很多樹。其中有一種比較小的椰子
樹，長得很可愛。這種樹的上面細細的，下面
粗粗的，可是我不知道它的名字。

參考答案

1. 妹妹穿了一件荷葉領的衣服，真可愛。
2. 校園裡種了很多樹。我很喜歡操場旁的酒瓶椰
子。它沒有亞歷山大椰子高，但是上細下粗的
造型，就像一個胖胖的酒瓶，十分可愛。

暖暖身，準備好

　　一個不落俗套的題目，往往能使一篇文章增
色不少。以「我的爸爸」這種平凡無奇，甚至有
點無聊的題目為例，因為許禎福至心靈的加上了

「搖滾」二字，成為「我的搖滾爸爸」，便立刻化腐朽為神奇，大幅拉抬了文章的吸睛度。小小的兩個字，竟有如此的魔力，值得好好學習！

　　為文章定題目時，必須和內容緊緊扣合，才能收相互輝映之效。以下的四段文章，分別描述了幾位很有「特色」的人物，請你幫忙想個響亮的題目吧！

1. 寒流剛過，天才老爸穿著一件單薄的背心很認真的拖地。長長的拖把在老爸的手中，竟像俠客手上的一柄長劍，雖然舞不出絕世武功，倒也讓地板清潔溜溜，果真是「凡走過必不留痕跡」。

2. 個性嚴謹的姊姊，做起事來總是一絲不苟，不過那幾乎百分之百的完美形象，卻往往在她左一句「等一下」，右一句「等一下」中，被扣光分數。

3. 每天中午，我的同學「哆啦A夢」（他真的長得很像哆啦A夢），便像個「游擊隊長」，拿

著筷子遊走於每位同學的便當之間，遇到喜歡的菜餚，便毫不留情的突襲。

4. 我的射手座妹妹總是讓爸爸心驚膽戰的。怎麼說？常常爸爸輕輕鬆鬆的坐在椅子上，但只要妹妹一靠近，便莫名的神經質起來，深怕稍不注意，便被妹妹一頭撞上。唉！沒辦法，射手座又名半人半馬的人馬座，她們總是行動力十足，做的比想的快，等到大腦提醒她得煞車時，通常早就一頭撞上，來不及了。

（以上皆節選、改寫自《星星家族妙鮮事》◎汪淑玲著，幼獅文化出版）

參考答案

1. 我的「俠客」爸爸

2. 等一下姊姊

3. 我的哆啦A夢同學、我的游擊隊長同學

4. 我的射手妹妹、我那半人半馬的妹妹

小作家，顯身手

題目：我的〇〇爸爸

引導說明：

　　只要用心觀察，便會發現每個人都有自己的特色。你的爸爸有什麼特色呢？是長得又高又壯，像一座雄偉的高山？是擅長栽種綠色植物，彷彿長了一對綠手指？還是一到假日，便喜歡抱著籃球，吆喝你到球場上和他「鬥牛」？請從外型、動作、個性、嗜好、專長等方面，找出爸爸的特色，並以〈我的〇〇爸爸〉為題，寫一篇首尾俱足的完整文章，題目中的〇〇由你自定。

第 **8** 課

小小動詞
大大重要

範文

好文章，拍拍手

請你跟我這樣做　　　　　　　　　　　　◎林欣儀

　　「將右腳彎曲，右手抓住右腳踝，向前傾，並將左手向前伸直。」天啊！這是瑜伽課嗎？不是的，這是一堂與眾不同的作文課！

　　老師先示範了兩個連續動作，接著便要求大家離開坐位，跟著練習。剛開始，大家還嘻嘻哈哈的，以為這兩個動作沒什麼了不起，沒想到，一抬腳，一彎腰，便讓大家東倒西歪，哇哇大叫。想知道我們做了哪些動作嗎？請接著往下看！

　　首先，我兩手叉腰，將右腳抬起，讓大腿和地面平行，小腿與大腿垂直，接著將右腿向右側平移，再稍稍彎曲右腳的膝蓋，讓右腳的腳底板頂住左膝蓋。光是做到這裡，我已經搖搖欲墜了，心裡不斷的告訴自己，千萬不能摔倒。好不容易，勉強保持了平衡，但老師又要我將雙手向前伸直、合掌，再將手向上舉高，想像自己是一

棵正在長高的小樹。忽然，老師說：「現在有一陣微風吹來，請『小樹』們向左彎。」哇！只見大家搖來晃去，我努力的調整呼吸，眼睛盯著一個定點，讓自己靜下心來，就這樣維持了十秒後，當老師宣布動作結束時，我有一種「如釋重負」的感覺。

　　練習完這個高難度的動作後，接下來的動作就稍稍簡單了一點。首先，一樣兩手叉腰，將右腳抬起，讓大腿和地面平行，小腿與大腿垂直，然後將右腳向後伸展並拉直，這時上半身會自然的向前傾斜。當身體平衡後便可將右腳向上彎起，再伸出右手輕輕握住右腳腳踝，最後抬起左手往前伸直。當時的我，感覺自己似乎變成了翔翔於天空中，保護地球的超人呢！

　　這堂特別的作文課，大家實際的練習平衡動作，不僅使得教室裡笑聲四起，更讓我體會到許多動作看似簡單，但親身去做時，卻很不容易。有機會，請你跟我這樣做喔！

評析

寫作文，有訣竅

　　有一種遊戲叫「跟隨領袖」，玩的時候，大家必須跟著「領袖」，做出一模一樣的動作。這些動作，可以是摸頭、拉耳朵、摀嘴巴，也可以是揮手、抬腿、半蹲或彎腰。注意到了嗎？以上的這幾個動作，都分別用了不同的動詞！多年的教學經驗，我常看到一些初學作文的學生，在文章中使用「弄」、「用」等籠統的動詞，這些詞，或許沒錯，但是閱讀時，我總免不了狐疑的想：「到底是怎麼『弄』的，又要怎麼『用』呢？」

　　這就是問題所在了，一篇文章如果不能把重要之處，說得清楚明白，反而害讀者看得滿頭霧水，那麼就失去了表達與溝通的意義！所以，學寫作文，應用「準確」的動詞，是很重要的基本功。

　　為了讓學生有深刻的體會，我設計了一堂很「動感」的作文課，透過兩段連續的動作，請學

生實際練習後，再把步驟寫下來。果然，肢體的練習不僅能營造活潑的課堂氣氛，更能幫助學生記憶，進而將腦中的動作化為文字，書寫出來。有時，寫著寫著，突然「卡住」時，學生們便站起來，把動作再演練一次，然後只見他們帶著微笑，繼續坐下來振筆疾書，一副文思泉湧的模樣。所以，練習與「動作」有關的作文題目時，除了在腦中想像之外，只要場地、環境許可，不妨也小小的動一動。你看，欣儀在這篇〈請你跟我這樣做〉的文章中，不論是「兩手叉腰」、「右腳的腳底板頂住左膝蓋」、「雙手向前伸直、合掌，再將手向上舉高」、「眼睛盯著一個定點」、「伸出右手抓住右腳腳踝」、「抬起左手往前伸直」等描寫，不就把動作說明得十分準確？你不妨也跟著欣儀的描述，考驗自己的平衡感吧！

我當小老師

　　一段連續動作，通常會有幾個分解動作，說明每個分解動作時，需要運用首先、其次、還有、再來、接著、然後、最後等連接詞來串連，讓文章更順暢易讀。以下的這段文章，雖能恰當的表達動作，但未能使用合適的連接詞，使得句子之間無法流暢的銜接，十分可惜，請你當作文的小老師，幫忙修改！

　　這是一個需要平衡動作。首先，右腳向前曲膝成九十度角，再將腳移到右側，再讓腳底靠在左腳的大腿或膝蓋上，再伸出雙手與地板平行，再把雙手舉起來，讓手臂貼著耳朵，最後，將上半身傾斜到左側，維持五秒鐘。

參考答案

　　這是一個需要平衡動作。首先，右腳向前曲

膝成九十度角，再將腳移到右側，<u>並再</u>讓腳底靠在
左腳的大腿或膝蓋上，<u>接著再</u>伸出雙手與地板平
行，<u>然後再</u>把雙手舉起來，讓手臂貼著耳朵，最
後，將上半身傾斜到左側，維持五秒鐘。

暖暖身，準備好

　　游泳前，你是不是會作一些簡單的暖身操？
或者你看過別人表演太極或瑜伽嗎？以下是新式
健康操中的動作，請你參考圖解，試著練習這些
動作，讓你的身體幫助你記憶，相信等一下描寫
這些動作時，會更得心應手。

　　這是新式健康操中的「曲膝擺動」。

這是新式健康操中的「曲肘伸展」。

寫作練習

小作家，顯身手

題目：請你跟我這樣做

引導說明：

　　「雙腳打開與肩同寬，兩手平台與肩同高，使身體成為一個大字。」相信大家都練習過新式健康操了，現在，請參考前面的「曲膝擺動」和「曲肘伸展」的動作圖解，依照正確的步驟，一步一步的說明這些動作。本次寫作屬於片段作文，不需要加上開頭和結尾，但須清楚的寫出兩種動作的步驟，並使用準確的動詞。

第 9 課

把最精華的豬肚
留給最精采的過程

好文章，拍拍手

我愛打籃球　　　　　　　　　　　　　◎林昱德

　　我喜歡打籃球，特別是在黃昏時和同學一起去堤防邊打球，享受在涼風吹拂下，涼爽的感覺。

　　一到籃球場，我們無不摩拳擦掌，準備迎接即將到來的激烈戰況。因為我們都是籃球高手，所以無論是運球、抄球或投籃都難不倒我們。

　　「嗶！」只要哨聲響起，大家的目光就緊盯著球，拿到球的人全神貫注的運著球，一有機會就想伸出雙手，把球投進籃框，而想抄球的人也虎視眈眈，一有空檔便想把球搶過來，要不然就是不懷好意的想給對方蓋個大火鍋。

　　在籃球場上，大家都努力的向球框進攻。有時球傳到了我的手上，我會立刻快速的運球，但是越接近籃框，對手對我的防守也越嚴密，他們張開雙手想要阻擋我前進，我只好左閃右閃，

再一個轉身，接著我奮力的跳起來，把球用力的推出去，剎那間，球場上彷彿靜止了一般，每個人都屏住呼吸，看著球在空中畫出一道弧線，「咻！」一個漂亮的空心球，得分！「耶！太棒了！」我在心裡為自己的表現大聲喝采，隊友們也跑來和我擊掌！不過，籃球是一種非常重視團隊合作的運動，所以我也會不斷提醒自己，不能只顧著自己上籃得分，必須隨機應變，必要時也應該把球傳給隊友，並幫助隊友得分。

　　因為喜歡籃球，所以我也常常欣賞各種球賽，學習贏球的技巧。我覺得籃球這項運動靠的不是蠻力，而是智慧與靈活應變的能力，是一種有益身心的運動，所以，歡迎大家都來加入打籃球的隊伍吧！

評析

寫作文，有訣竅

　　寫文章也是培養表達能力的方法之一。不管是表達一件事情或說明一項看法，都必須要把握重點。

　　以大家常寫的〈戶外教學記〉為例，有些人會從前一天晚上如何費盡心思的準備，如何興奮得睡不著覺開始寫，接著，又說到了學校，先和同學高興的聊天，沒想到有同學遲到，害大家又著急又無奈。如此洋洋灑灑寫完了兩段，到了第三段，終於出發了。除了描寫沿路上看到的風景，到了目的地和同學暢遊的情形之外，還加上了午餐吃了什麼，人潮眾多，必須排很久的隊才能買到飲料等過程。到了第四段，千篇一律的說：「歡樂的時光總是過得特別快，經過了一天的戶外教學，我們依依不捨的回家了。」

　　「可是，文章中的事情可能都是實際發生的事啊，這樣寫不好嗎？」或許有人會這樣問。我的

看法是：如果只是自己隨興寫的日記，僅供回憶時的參考，或許沒什麼關係，但是如果是作業、比賽甚至是要公開發表的文章，這樣寫就是「流水帳」，總讓人有搔不到癢處的遺憾。因為〈戶外教學記〉的文章重點應該是在目的地的見聞及感想，應該要用最多的篇幅描寫這些重點才對。

　　昱德的這篇〈我愛打籃球〉就是很好的示範。他把文章最精華的第二、三、四段留給最精采的打球過程，並且像一位小主播般，將打籃球的運球、抄球、投籃等動作翔實的「播報」出來，讓人猶如欣賞了一場緊湊的球賽，大呼過癮！文章結尾再以「我覺得籃球這項運動靠的不是蠻力，而是智慧與靈活應變的能力，是一種有益身心的運動。」來表達自己的看法。這種「鳳頭、豬肚、豹尾」的安排，使這篇五百多字的文章，能完全的緊扣重點，當然應該為他的優異表現報以熱烈的掌聲。以下是這篇〈我愛打籃球〉的結構圖，請參考！

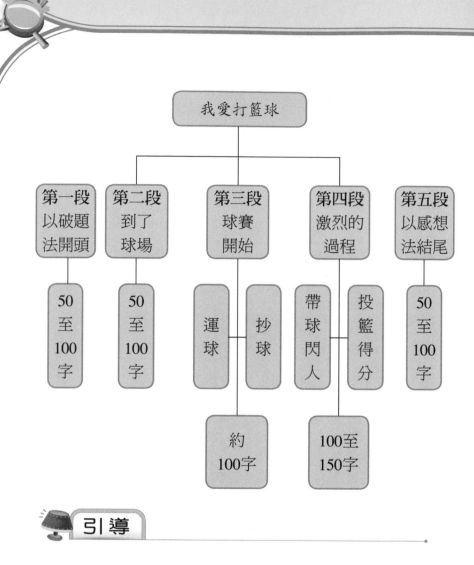

我愛打籃球

第一段
以破題
法開頭 → 50至100字

第二段
到了
球場 → 50至100字

第三段
球賽
開始 → 運球 / 抄球 → 約100字

第四段
激烈的
過程 → 帶球閃人 / 投籃得分 → 100至150字

第五段
以感想
法結尾 → 50至100字

引導

我當小老師

　　如果題目是〈我愛打籃球〉，你覺得文章的
重點應該是什麼？以下的這段文章有抓到寫作的重

點嗎？請你當作文的小老師，幫忙修改，並說說修改的原因吧！

　　我最愛打籃球，每次都去堤防打籃球，到了堤防，看見有人在打籃球、羽毛球、網球、躲避球，操場上還有人在慢跑，也有人在游泳池裡游泳。

　　因為人很多，所以我一到了籃球場上，就看見有許多人在打籃球，我心想，應該沒有空位了吧！果然，每個籃球場上都已經有人在打球了，我不禁抱怨爸爸和哥哥，都是他們慢吞吞，才害我沒辦法打籃球。等了好久，終於可以上場打球了。我和爸爸PK，我本來想往左邊運球，但是爸爸用雙手擋住我，我一不小心，手上的球馬上被爸爸搶走了。爸爸快速的跑到籃框前投籃得分，我只好拜託哥哥和我一起防守。

參考答案

　　我最愛打籃球，每次都去堤防打籃球。~~，到~~了堤防，看見有人在打籃球、羽毛球、網球、躲避球，操場上還有人在慢跑，也有人在游泳池裡游泳。

因為人很多，所以我~~一到子籃球場上，就看~~
~~見有許多人在打籃球，我心想，應該沒有空位子~~
~~吧！果然，每個籃球場上都已經有人在打球子，~~
~~我不禁抱怨起爸爸和哥哥，都是他們慢吞吞，才~~
~~害我沒辦法打籃球。~~ 等了好久，終於可以上場打
球了。我和爸爸PK，我本來想往左邊運球，但是
爸爸用雙手擋住我，我一不小心，手上的球馬上
就被爸爸搶走了。爸爸快速的跑到籃框前投籃得
分，我只好拜託哥哥和我一起防守。

修改原因

　　題目是我愛打籃球，所以文章應該多著墨打
籃球的過程和享受的心情，至於打籃球前發生的事
情，只是小插曲，不是文章的重點，只要大略帶過
就好，不宜浪費太多篇幅說明。

暖暖身，準備好

　　每種運動都有不同的規則，運動時的動作也不盡相同。以下的幾段話，分別描寫了打籃球、踢足球和游泳的情形，請你分別為它們找到合適的運動「家族」。

1. 我輕盈的跳入池水，揮動著雙臂，像海底蛟龍般飛快的游著，在我的身後，是一圈圈光亮的水紋。

2. 對方高大的中鋒瞬間躍起，像空中飛人般將身體騰空，我還來不及反應，球便被灌進了籃框中。

3. 比賽剛開始不到三分鐘，場上就出現了激烈的

戰況，我方的隊友飛起一腳，銳不可擋的力道，將球踢到了對方的禁區。

4. 我們幾個人趕緊跑去防守，將對方的中鋒團團圍住，他雖然人高馬大，終究無法越雷池一步，只好高舉雙手，又將球傳了出去。

5. 初學游泳時，我到了池邊，硬著頭皮下水，兩手緊緊的握住欄杆，遲遲不肯放開，那一波波湧動的池水淹到了我的胸口，我一個慌張便嗆了好幾口水。

6. 他左閃右躲，避開對方的阻截，再一個原地轉身，將球拋向籃框。

7. 這是一個任意球，我後退幾步，飛身將球踢向球門，球在空中劃出一道漂亮的弧線，射進了球門的右上角。

8. 游泳池裡到處是游泳高手，有的在岸邊吸了一大口氣，便一個魚躍潛入水中，潛游二十公尺才露出頭來。

9. 原本膠著的戰況，突然出現了可怕的變化。對方的後衛將球傳給了右後衛，右後衛又傳給了衝上來接應的前鋒，只見這位前鋒奮力一踢，球便應聲進網。

10. 對方球員猛撲過來，我靈活的做了一個假動作，閃電般的繞過防守球員，再一個妙傳，傳給了籃下的隊友。

參考答案

 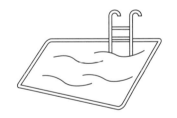

2、4、6、10　　　3、7、9　　　　　1、5、8

寫作練習

小作家，顯身手

題目：我愛○○

引導說明：

　　你喜歡什麼運動？籃球、棒球、足球？游泳？騎腳踏車、散步？還是……你為什麼喜歡這個運動？做此運動時，你有哪些動作，心情如何？請以〈我愛○○〉為題，寫一篇首尾俱足的完整文章，題目中的○○限定為一種運動，但運動項目由你自定。文章中除了說明喜歡此運動的原因之外，最重要的是透過各種動作，將運動時的精采過程描寫出來，讓讀者彷彿看到一場精采的實況轉播。

第 10 課

把抽象的心情

變具體

範文

好文章，拍拍手

可怕的書法課　　　　　　　　　　　　　　◎許　寧

　　「啊！」「對不起！對不起！」一踏進教室，聽見同學此起彼落的哀嚎聲，我知道這又是一節可怕的書法課。

　　每次一到書法課，腳便有如被綁上了鐵鍊般的沉重，怎樣都不想走進教室。「趕快把書法用具拿出來！」老師宏亮的聲音使我不敢怠惰，匆匆忙忙的拿出了硯台磨墨，沒想到，「匡！」清脆的破裂聲打破了課堂的寧靜，後座的同學不小心摔落了硯台，可憐的硯台變成了碎片，散落在地上，更可憐的是我那潔白的外套上沾了一大片烏黑的墨汁，「對不起！對不起！」同學不斷的向我道歉，我只能無奈的抓起外套奔到洗手台清洗。

　　大致處理了墨漬之後，我重新回到坐位，翻開書法字帖和簿子，但那上面的書法字像老虎獅

子一樣虎視眈眈的看著我，真是可怕，我揩了一把額上的冷汗，抿緊嘴巴，用顫抖的雙手拿起毛筆，寫了個「許」字，那字歪歪扭扭的，說字不像字，說是鬼畫符還比較恰當。這時老師走了過來，瞥了一眼我簿子上那歪七扭八的字說：「認真一點好不好？這是什麼字，重寫！」我低下頭，依稀感覺到老師那銳利的目光正亮亮的逼視著我。沒辦法了，我看了那被淘汰的字，絕望的表情就像被迫吞進許多藥丸一樣，苦不堪言。

　　在學習的過程中，我上過絞盡腦汁的作文課和讓人想打瞌睡的數學課，但是都比不上書法課的可怕！

評析

寫作文，有訣竅

　　抽象的情感往往較難表達，如果光是寫些「可怕」、「恐怖」、「傷心」、「痛苦」、「雀

躍」之類的形容詞又不免流於空泛，無法引起讀者的共鳴。怎麼辦呢？別擔心，傳授你一招小祕訣——用具體的事或物來說明或形容。

如果題目是〈恐怖的惡夢〉，我們當然不能只堆疊一些「恐怖啊！」「恐怖到了極點！」「恐怖得言語無法形容！」等詞句，這時，很簡單，只要把惡夢的內容描述出來，讓大家知道夢中到底出現了什麼？這些東西又對你做了什麼？如此一來，所有抽象的恐怖感覺，便投射成了具體的事物，讀者自然也能「身歷其境」的體會到那種從腳底涼到頭皮的恐怖感。

許寧的這篇〈可怕的書法課〉也是一樣。透過書法課中的「墨汁弄髒衣服」和「寫出鬼畫符的字，被老師命令重寫」這兩件具體的事件，凸顯苦不堪言的心情，此外，沉重時，許寧用「腳有如被綁上了鐵鍊般」來形容；可怕時，說「書法字像老虎獅子一樣虎視眈眈」；而痛苦的心情，則像「被迫吞進許多藥丸」，這些譬喻及轉

化法的穿插應用，也使文章更加生動活潑。

　　除了許寧之外，翼賢認為數學課是令人痛苦的，因為「一道道的題目像沉重的鐵門，怎麼也推不開，不得以只好舉白旗投降。」承翰則在文章中寫道：「一踏進英文補習班的教室，就感覺到一股不祥的氣氛，因為考試沒有達到標準，少一分打五下。在『啪！啪！啪』的巨大聲響中，我看著手上被打的痕跡，只能忍著痛繼續上課。」厲害吧！這幾位聰明的學生都學到了「把抽象變具體」的妙招了，那就是：用具體的事件或物品來形容抽象的感覺！

我當小老師

　　以下是一段有關國語課的描述，作者以「驚心動魄」來形容這門課，但內容的鋪陳上，有些敘述順序跳接和小語病。請你當作文的小老師，幫忙修改吧！

上國語課時，總是一直在抄寫，老師也會要我們背許多詞句的解釋，但是課本裡的每個國字都像雙胞胎一樣，令人看得眼花撩亂。就在我睡覺時，牠們也會到我的夢境來張牙舞爪，嚇得我把所有的詞句解釋統統忘光光了。

參考答案

上國語課時，總是一直在抄寫，但是這些課文裡的<u>許多</u><s>每個</s>國字都像雙胞胎一樣，令人<u>難以分辨</u><s>看得眼花撩亂</s>。老師也會要我們背許多詞句的解釋，<u>但是那些字詞十分難背，甚至會</u><s>就</s>在我睡覺時，<s>牠們也會</s><u>跑</u>到我的夢境來張牙舞爪，嚇得我把所有的詞句解釋統統忘光光了。

暖暖身，準備好

每個人害怕的課不盡相同，所以對課堂的描述也有所差別。以下的六組段落，分別屬於三種不同的課程，請你將它們連連看。

1. 老師又繼續的教著那些英文單字，老師念一個單字，我們便跟著念一個，我想把單字一起背

起來，但是那些單字好像長了腳似的，一下子就從我的腦袋裡滾出來。

2. 「抄五遍！」教室裡又響起了怒罵聲，這就是我最害怕的自然課。

3. 記得有一次上國語課時，老師要我們將整本書的生字寫一遍，並且說下一節就要考聽寫。

4. 大家雖然唉聲嘆氣，心情跌進了谷底，但也只能面對現實，過了一節手很痠，頭很痛的國語課。

5. 接著老師又開始解釋「現在式」和「未來式」，老師拿起紅白兩色的粉筆在黑板上一邊寫句子，一邊畫重點。我看到老師這麼認真的教，心裡也告訴自己應該要用心的學，但是真的沒辦法，不管我如何努力，就是有聽沒有懂，一個頭兩個大。

6. 凶、罵、罰是這堂課的最大特點，而我們的自然老師最能將這個特點發揮得淋漓盡致。

參考答案

1 和 5 是英文課。

2 和 6 是自然課。

3 和 4 是國語課。

寫作練習

小作家，顯身手

題目：可怕的〇〇課

引導說明：

　　不瞞你說，在我的求學過程中，不唱歌，卻要求我們背一大堆樂理的音樂課，就讓我感到痛苦。那麼，在你的心目中，什麼課是可怕的？什麼課會讓你感到痛苦？是因為這堂課有哪些不愉快的上課經驗嗎？請以〈可怕的〇〇課〉為題，寫一篇首尾俱足的完整文章，題目中的〇〇由你自定。文章中請點明課程名稱，但不可寫出老師的名字，並請記得以具體的事件或經驗來描述可怕的情形。

第 11 課

古典美 · 時尚感 ·
文學味

好文章，拍拍手

給李白的一封信　　　　　　　　　　◎許禎

親愛的李白先生：

　　您好！

　　讀過您的〈將進酒〉、〈黃鶴樓送孟浩然之廣陵〉、〈下江陵〉等作品，我驚豔不已，更加深了對您的敬佩。據說，你喝一斗酒，可成詩百篇，杜甫說您是：「昔有楚狂人，號爾謫仙人。筆落驚風雨，詩成泣鬼神。」而「那一雙傲慢的靴子，至今還落在高力士羞憤的手裡。」您的逸事、您的傳奇、您的才華是無人不知，無人不曉的。

　　我仰慕您的文采，欣賞您狂放不羈的個性，「古來聖賢皆寂寞，唯有飲者留其名。」您的瀟灑在這世上是多麼難能可貴啊！但在這瀟灑的背後，也隱藏了您的感嘆、無奈和心酸。

　　在我的心中，您這一生雖然歷經滄桑，卻

讓您更像是一朵生於亂世中的青蓮，出淤泥而不染。您有自己的想法，不畏世俗的眼光。您在〈古朗月行〉一詩中暗藏玄機，你在詩的一開始，以「小時不識月，呼作白玉盤。又疑瑤台鏡，飛在青雲端。」來讚美月亮的圓潤與皎潔，但在後來卻藉由「蟾蜍蝕圓影，大明夜已殘」來諷刺唐明皇「從此君王不早朝」，讓佞臣有機可乘，讓唐朝由盛而衰，而最後，您累了、醉了，跌落水裡與月相伴，您就像一枚驚嘆號，留給世人驚豔與感嘆！

　　謹以此信表達我對您無盡的崇拜！

祝

不要再被貶到人間來！

蘆洲居士　許禎敬上

李白給我的一封信　　　　　　　　◎黃瓏

親愛的黃瓏小朋友：

你好！

　　謝謝你的來信，也謝謝你的讚美。看了你的來信，我非常開心，原來大家都讀過我的詩啊！請你幫我將這份謝意轉達給大家。

　　大家給我冠上「天上謫仙」的封號，真令我既高興又驚訝，我本來以為，我是一個沒沒無聞的人，沒想到還能擁有這麼多的讀者，這真是讓我有些喜出望外了。大家的喜歡，讓我覺得我以前花了那麼多的心思和時間寫詩，都是值得的。

　　謝謝你的建議，以後我會多寫一些快樂的詩，也會多陪伴家人，和家人談天說地，享受世界上最美好的家庭溫暖。如果你對我的詩，有任何的建議，也歡迎告訴我，好讓我的詩能更上層樓。

　　我告訴你一個小祕密喔！其實我也不知道自己是怎麼去世的，直到我來到天堂之後，天上的神仙才告訴我，我是因為喝醉了，看到月亮倒映在湖面的中央，一時糊塗，想把月亮撈起來，沒想到我跳進了湖裡後，才驚覺自己根本不會游泳，雖然我很努力的掙扎，但終究無法回到岸邊，最後便淪為波臣，永遠陪伴著那個湖中之月了。

　　你的來信中說以後也想當一個詩人，所以我願意告訴你一個祕訣——就是要多多觀察大自然和生活周遭的人事物，只要把你看到的、聽到的、感覺到的寫下來，再好好的修改，就可以了。這樣的方法一點都不難吧！希望你的詩也能愈寫愈好！
祝
學業進步

青蓮居士　李白敬上

寫作文，有訣竅

　　在中秋節的前夕，我應景的在黑板上寫了李白的〈古朗月行〉，除了大致解釋詩的意思之外，也藉由吳剛伐桂、玉兔擣藥、后羿射日、嫦娥奔月等故事來說明詩中的「桂樹何團團」、「羿昔落九烏」等典故。這些傳說故事，讓習慣吃月餅、烤肉的中秋節增添了些許的浪漫情懷。

　　接著，我順勢再說說李白的逸事和人們對他的評論，而從李白精采的一生中，自然牽引出唐明皇、楊貴妃、高力士、杜甫、賀知章、郭子儀等歷史人物，我說得口沫橫飛，學生們也聽得興味盎然。最後，當我以「有歷史學家考證，認為李白其實不是中國人，而可能是『吉爾吉斯』人。」作結時，教室頓時響起了一片驚呼聲，是啊！這實在是太顛覆了！

　　這就是我所期望的「文學底蘊」！唐詩、宋

詞不應該只是背誦、解釋和默寫，這些經典的作品，是由有血有淚的人所創作出來的，這些文學家跌宕起伏的人生故事和從中提煉出來的人生智慧，凝結成了一首詩或一闋詞，而這些故事不僅能吸引學生的興趣，也能讓學生們有所體會，進而內化為「底蘊」，成為寫作的養分。果然，經過這樣的「故事時間」後，許禎完成的〈給李白的一封信〉便旁徵博引的寫出了杜甫的「驚風雨，泣鬼神」、唐明皇的「君王不早朝」和李白的「亂世青蓮」。

完成了〈給李白的一封信〉後，次周，自然要「魚雁往返」，請學生揣摩李白的心情，寫一封回信。請看黃瓏的表現，這封回信中，「李白」表達了喜悅、虛心接受建議，也透露祕密，甚至還分享了寫作的祕訣，而在馳騁想像力的同時，黃瓏也巧妙的嵌入了李白的逸事，讓文章洋溢著濃濃的文學味。

古典的元素，不等於老掉牙，所謂「戲法人

人會變，巧妙各有不同。」同樣的「唐詩人人會背，領會各有不同。」我認為，許禎和黃瓏的兩篇文章，為「古典美‧時尚感‧文學味」作了很好的示範。

〈古朗月行〉／唐‧李白

小時不識月，呼作白玉盤。

又疑瑤台鏡，飛在青雲端。

仙人垂兩足，桂樹何團團。

白兔搗藥成，問言與誰餐？

蟾蜍蝕圓影，大明夜已殘。

羿昔落九烏，天人清且安。

陰精此淪惑，去去不足觀。

憂來其如何？悽愴摧心肝。

引導

我當小老師

　　好文章是修改出來的！以下是另一篇〈給李白的一封信〉，內容創意十足，但文句應略加修飾，請你當小老師，幫忙修改吧！

親愛的秉睿小朋友：

　　你好！

　　很高興收到你的來信，也謝謝你的讚美。我覺得我寫的〈古朗月行〉和〈月下獨酌〉寫得還好。蘇軾比較厲害。「人有悲歡離合，月有陰晴圓缺，此事古難全。但願人長久，千里共嬋娟。」我覺得他寫的比我優美，他才是真正從天上被貶謫下凡的。

參考答案

親愛的秉睿小朋友：

你好！

很高興收到你的來信，也謝謝你的讚美。~~其實我覺得~~我寫的〈古朗月行〉和〈月下獨酌〉寫得~~並不出色~~還好，~~遠不如~~蘇軾的文采比較厲害。~~尤其是那句~~「人有悲歡離合，月有陰晴圓缺，此事古難全。但願人長久，千里共嬋娟。」~~幾千年來，不知感動了多少人，真令我自嘆弗如，所以我認為~~我覺得他寫的比我優美，他才是真正從天上被貶謫下凡的~~大文學家~~。

暖暖身，準備好

以下是與李白有關的填字遊戲，我們一起動動腦，完成它吧！

1	一	3		
	2			4
	二			
	三			

提 示

直1　唐朝詩人，著名的詩作有〈靜夜思〉、〈黃鶴樓送孟浩然之廣陵〉等。

直2　詩仙李白和詩聖杜甫的並稱，藉以推崇兩人的詩作。

直3　一種植物，因為「出淤泥而不染」，而成為高潔品德的象徵。

直4　唐朝詩人，稱李白為天上謫仙人。〈回鄉偶書〉中：「少小離鄉老大回，鄉音無改鬢毛衰」的千古名句即是他的作品。

橫一　李白的自號。

橫二　唐朝詩人，據說七歲便能作詩。著名的詩作
　　　有〈春望〉、〈聞官軍收河南河北〉等，被
　　　譽為「詩聖」或「詩史」。

橫三　出自李白的〈春夜宴從弟桃花園序〉，原句
　　　為「大塊假我以文章」，原本意思是讚美大
　　　自然的錦繡風光，後來則用來稱讚內容豐富
　　　的文章。

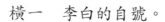 參考答案

1李	一青	3蓮	居	士
白		花		
	2李			4賀
	二杜	甫		知
	三大	塊	文	章

寫作練習

小作家，顯身手

題目：給李白的一封信

引導說明：

　　「床前明月光，疑是地上霜。舉頭望明月，低頭思故鄉。」你一定會背這首〈靜夜思〉，而你也一定知道，這首詩的作者就是唐朝著名的詩人——李白。除了大家耳熟能詳的詩作之外，李白精采的人生也為我們留下了水中撈月、力士脫靴、斗酒詩百篇等有趣的逸事。請以〈給李白的一封信〉為題，寫一篇首尾俱足的完整文章，寫出你想對李白說的話或問的事。

第 12 課

先理解再擴寫
讓文章言之有物

範文

好文章，拍拍手

好朋友應該要……　　　　　　　　　　◎丁明儒

　　在我們的人生旅程中，除了父母之外，也需要朋友的陪伴、照顧與互相協助。因為朋友十分重要，所以我們一定要慎選朋友，也要鞭策自己培養好的美德，成為別人的好朋友。

　　好朋友應該要互相幫助。當朋友遇到不會的數學題目時，我應該要教他，讓他理解，同樣的，如果我有不會的題目，我也會希望朋友能教我，這樣我們就可以一起進步，一起成為數學小高手。

　　好朋友應該要互相鼓勵。如果朋友的考試成績不理想，他的心裡一定很難過，這時，我除了在旁邊陪伴他之外，更應該要鼓勵他，不要因為一時的失敗就放棄，要找出失敗的原因，記取失敗的教訓，再接再厲，在下一次的考試時，考出

優秀的成績。

　　好朋友應該要「有福同享，有難同當。」而有一首歌也說：「與你分享的快樂，勝過獨自擁有。」所以如果我有新的故事書、美味的食物，或快樂的事，我願意和朋友分享，但是當我遇到挫折，心情低落時，我會希望和朋友互相扶持，我想，有好朋友的加油打氣，我就能勇敢的度過難關。

　　好朋友應該要互相的提醒勸告。朋友如果想作一些不好的事，例如考試作弊、偷東西或欺負別人時，我應該要勸告他，絕對不能因為他是我的好朋友就縱容他，甚至當他的共犯，要不然，我們都會變成人人都討厭的壞朋友。

　　孔子說：「益者三友：友直、友諒、友多聞。」意思是好朋友應該要正直、沒有私心，誠實守信用和見識豐富、學問淵博。我也會時時刻刻記住這句話，讓自己成為一個受人歡迎的好朋友。

寫作文，有訣竅

　　說實在的，要中年級的學生，寫一篇需要講道理的文章，是有點為難的，也因此更需要老師設計有效的教案，幫助學生一階一階的往上爬。

　　初學議論文，我不強求學生說出什麼經世濟民的大道理，所以在題目的設定上，便從生活中的小道理出發，再輔以古人說過的名言佳句。古人說過的？那不就是文言文？是的！能夠流傳下來的名言佳句通常是老祖宗的智慧結晶，而有些文言文，經過適當的解釋後，學生便能理解，所以只要選對材料，我們不僅不需要將名言佳句視為洪水猛獸，反而應該善用這些珍貴的資產。

　　這堂課的教學，我先讓學生分組討論，雖然三到五年級的混齡教學在教學的說明及課堂經營上，需要花更多的心思，但是，混合了不同年級的小組討論反而能激盪出更多的火花！這討論的時間

不長，只有短短的五到十分鐘，學生們一邊說出自己的想法，一邊將重點寫在A4影印紙上，作為等一下搶答的參考。時間一到，便是「賓果遊戲」的搶答時間了。只要能清楚的說出小組的想法，便能到黑板前，在小組的賓果盤上圈一個數字。這樣的小組競賽，能激發學生的高昂興致，而為小組搶到一個圈的學生，也獲得了榮譽感與成就感。

接著，我將可供參考的名言佳句寫在黑板上，輔以簡單明瞭的說明，再透過搶答，鼓勵學生複述，或加入自己的見解，藉由這種先看、再聽、再口述的過程，學生們自然的學習到，如何從一句名言，擴寫成一段話。

明儒寫這篇〈好朋友應該要……〉時是四年級的學生，應用這種「先理解再擴寫」的教法，並輔以之前學過的「先列舉再總結」的結構，便完成了這篇文章。文章中的「有福同享，有難同當」是小組討論發表的，而「益者三友：友直、友諒、友多聞。」則是我提供的。

不可諱言的，不是每一次的教案設計都能百分之百的達成目標，但這次的成果，我是滿意的，同時也讓我再次體認到：現代兒童常識豐富、頭腦靈活，實在不容小覷！

附注：賓果遊戲除了九宮格的數字版之外，也可以進階到標點符號版，甚至是20格的唐詩版。

數字賓果

1	4	7
8	3	5
6	9	2

標點符號賓果

，	、	。
：	「	」
？	！	；

唐詩賓果

床	前	明	月	光
疑	是	地	上	霜
舉	頭	望	明	月
低	頭	思	故	鄉

引導

我當小老師

　　有些歌曲中也會提到朋友。以下的這兩小段歌詞，請你當小老師，幫忙將適合的詞彙填入括弧中吧！你只要填入自己覺得適合的詞彙即可，不需要和原來的歌詞一模一樣。

1. 與你分享的快樂勝過（　　　　　　），至今我仍深深感動。好友如同（　　　　　　），能讓（　　　　　　）。

2. 友情，人人都需要友情，不能（　　　　　）
走上人生旅程。要（　　　　　）友情可貴，
失去的友情難追。（　　　　　）、相互勉
勵，閃耀著友情的光輝，永遠永遠讓那友情
（　　　　　）。

參考答案

1. 與你分享的快樂勝過獨自擁有，至今我仍深深
感動。好友如同一扇窗，能讓視野不同。

2. 友情，人人都需要友情，不能孤獨走上人生旅
程。要珍惜友情可貴，失去的友情難追。誠
懇、相互勉勵，閃耀著友情的光輝，永遠永遠
讓那友情溫暖你心胸。

暖暖身，準備好

　　除了「友直，友諒，友多聞。」之外，你覺
得好朋友應該要具備哪些美德呢？你可以和同學討
論，完成以下的星形圖。以下是幾段古人說過的美
德，提供你參考！「滿招損，謙受益。」、「孝，
德之本也。」、「勇者不懼」。

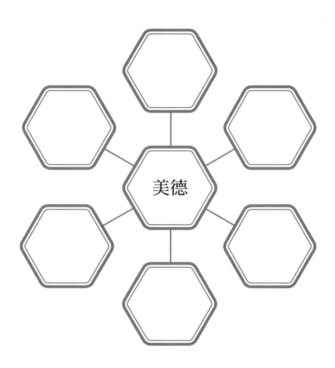

小作家，顯身手

題目：好朋友應該要……

引導說明：

　　在你身邊一定有一些好朋友，而你也一定想成為大家心目中的好朋友。你認為好朋友應該具備怎樣的美德？是「有好東西就會和好朋友分享」？還是能「同甘苦，共患難」？是當你考一百分，或賽跑得第一名時，會真心為你感到高興？還是在你生病難過時，會安慰你、鼓勵你？如果有人以「有福同享，有難同當」的道裡，希望你幫他寫功課，甚至要你陪他考試作弊，你覺得這樣的人是好朋友嗎？請以〈好朋友應該要……〉為題，寫一篇首尾俱足的完整文章，清楚的表達自己的想法。

第 13 課

特別的經驗
珍貴的體悟

範文

好文章，拍拍手

爬山記　　　　　　　　　　　　　　　　　　◎黃瓏

　　站在山頂上，如畫的美景盡收眼底，我的嘴角不禁微微上揚，心中有萬分的喜悅與滿滿的成就感。回想攻頂前的幾分鐘，我還一度想放棄呢！

　　當時我板著一張臉，心不甘情不願的跟在父母後面，山路溼滑，一不小心就會滑倒，而崎嶇的路況，對我來說更是一大考驗。一開始，我還能保持耐心，但離目標愈近，挑戰也愈多，加上體力耗損殆盡，疲累的我開始發脾氣，一直說著：「我不爬了，我要放棄。」幸好媽媽鼓勵我，要堅持下去，絕對不能輕言放棄，要不然之前的努力就白費了，媽媽還說：「只要咬緊牙關，爬上山頂，就能到看見更高更遠的風景。」

　　古人說的好：「登高必自卑，行遠必自邇。」作任何事都像爬山一樣，不可能一步登天，必須

從山腳開始往上爬，但是只要一步一步腳踏實地的向前邁進，憑著努力不懈的毅力，堅持到最後，總會有成功的一天。從這次的爬山經驗，讓我領悟到不可以一遇到挫折，就打退堂鼓，就像愛迪生說過的：「一個善溜冰的人，你問他如何學成功，他會告訴你跌下去，爬起來。」的確，失敗了，如果不爬起來再試一次，反而留在原地自怨自艾，那麼便永遠也無法有收穫的。

　　爬到了山頂上，清新的空氣，一望無際的視野，讓人心情開闊，遠眺遠處起伏的青山，錯落的屋舍，我知道如果不是當時的堅持，我便不可能欣賞到這難得的美景。這次的爬山記，讓我了解到：要成功並不難，只要知道了成功的關鍵，並堅持到最後，就能獲得成功的果實。

 評析

寫作文，有訣竅

　　「橫看成嶺側成峰，遠近高低各不同。不識

廬山真面目，只緣身在此山中。」位於中國江西的廬山是一座1500公尺的高山，山上有一座西林寺，宋朝大文學家蘇軾遊廬山時，便在西林寺的牆上寫下了這首詩，而這首詩的名字就叫：〈題西林壁〉。

前兩句蘇軾寫出從不同的角度欣賞廬山，會有不同的視覺享受。從正面看時，山是連綿起伏的山嶺，但從側面看，山又變成了峻峭挺拔的山峰。於是，蘇軾緊接著寫出他的「觀山體會」：「不識廬山真面目，只緣身在此山中。」感嘆如果置身其中，視野不夠寬廣時，往往只能看到局部，而無法一窺全貌。

這種從自然美景闡述個人領略的寫法，除了蘇大文豪之外，理學大師朱熹的〈觀書有感〉也是一例。詩中說：「半畝方塘一鑑開，天光雲影共徘徊。問渠哪得清如許？為有源頭活水來。」一樣是前兩句寫景，後兩句說理，說的是「讀書就像為生命注入活水，可以讓人的心靈澄澈清明。」的道理。

喔！這麼說來，我們好像可以從這兩首詩

中，歸納出一種寫作的「公式」：先描景再說理。因此，在簡單解釋了這兩首詩之後，我請學生以〈爬山記〉為題，寫一篇文章，並提醒學生，可以描寫爬山所見的景色，也可以敘述爬山過程中所發生的事，只要前兩段的鋪陳與後兩段的領悟之理是相互扣連的即可。

黃瓏從國小二年級開始，持續的學習作文，在每周一篇的節奏中，迄今完成了至少兩百篇的文章。聰慧的她透過課堂中的引導，立刻掌握到寫作技巧，在這篇〈爬山記〉中，前兩段敘述過程中的挫折，後兩段抒發領略到的道理，並援引了「登高必自卑，行遠必自邇」和愛迪生的話來加強論點，寫出了一篇言之成理且言之有序的好文章。

引導

我當小老師

以下的幾段文章都有語詞重複的小毛病，請你當小老師，幫忙修改吧！

1. 走進這片大草原，看著眼前的美景盡收眼底，真讓人感到心曠神怡的感覺。

2. 從小時候的童年到現在，我跟著爸爸爬了好幾次的山，而不管爬了幾次的山，每一次都讓我感受到大自然的美麗。

3. 看著灰濛濛的灰色天空，我擔心的問：「該不會要下雨了吧！」果然，才剛說完，過沒多久，雨便滴滴答答的下了起來。這使得山路更加溼滑，爬山的路途過程也更加艱難。

參考答案

1. 走進這片大草原，<u>廣袤無垠</u>~~看著~~眼前的美景盡收眼底，真讓人感到心曠神怡~~的感覺~~。

2. 從~~小時候的~~童年到現在，我跟著爸爸爬了好幾次的山，而~~不管爬了幾次的山，~~每一次<u>的過程</u>都讓我感受到大自然的美麗。

3. 看著灰濛濛的~~灰色~~天空，我擔心的問：「該不會要下雨了吧！」果然，才剛說完，~~過沒多~~久，雨便滴滴答答的下了起來。這使得山路更

加溼滑，爬山的路途過程也更加艱難。

暖暖身，準備好

「山在虛無縹緲間」、「泰山不讓土壤，故能成其大。」以上是有關山的景色描寫和體會。寫這篇〈爬山記〉可以從山的景色、登山的過程和領悟的道理中收集寫作材料，讓我們一起動動腦，將這些素材整理成披薩圖吧！

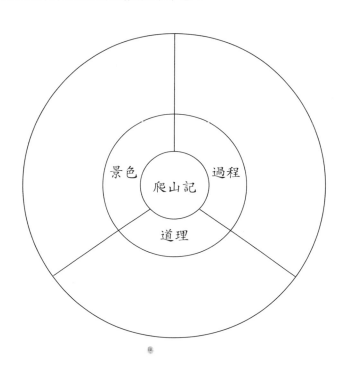

參考答案

綠意
盎然

百花
齊放

雲霧
繚繞

景色

爬山記

過程

汗流
浹背

氣喘
吁吁

道理

登泰山而小天下
揮汗耕耘，才能歡呼收割
成功是給堅持到最後的人

寫作練習

小作家，顯身手

題目：爬山記

引導說明：

　　孔子曾對他的學生說：「仁者樂山」，意思是山的巍峨高大、草木繁茂與無私奉獻，讓人們感受到山的仁德。在爬山的過程中，不論你爬的是低緩的小山或是壯麗的高山，一定都能欣賞到難得一見的景色，而登山的過程也必然與平日走在平坦馬路上的情形不同。請以〈爬山記〉為題，寫一篇首尾俱足的完整文章，你可以寫爬山時的所見所聞或登山的過程，最重要的是，一定要有自己的體會或感觸。

第14課

過去與現在
變與不變

好文章，拍拍手

古早的好滋味　　　　　　　　　　　　◎周聖哲

　　在一陣陣的轟隆聲中，一棟棟的房子在怪手的摧殘下，逐一崩塌。儘管夏日的豔陽依舊熱辣如火，但圮毀的牆垣、碎裂的磚瓦，卻使得這附近顯得荒涼蕭瑟。一切似乎都改變了，但唯一不變的，是楊媽媽小吃店的古早好滋味。

　　「哇！好香啊！」滷肉飯才剛端上桌，那濃濃的香氣便將這句話從我嘴裡勾了出來。油亮的色澤，吸足了醬汁的精華，我輕輕的翻動，將滷肉與飯攪拌得更均勻，撥一口送進嘴裡，又是另一種Q彈的口感。我細嚼慢嚥，一面用心體會美食家所說的「齒頰留香」的感覺，一面期待即將現身的下一道招牌美食。

　　「好特別的味道唷！」剛起鍋的臭豆腐夾帶著一股濃郁的氣味上桌了，隨意散落的泡菜，雪

白、豔紅的大白菜、紅白蘿蔔與金黃的臭豆腐相互輝映，彷彿正合奏一曲「色彩協奏曲」，而泡菜沁入心脾的酸甜爽口亦與臭豆腐不知是臭還是香的味道搭配得天衣無縫。一口咬下，蘊含其中的湯汁如山泉般湧出，充盈整個口腔，而酥酥脆脆的表皮包覆著鬆軟的豆腐更撼動了我的味蕾，「啊！沒變，沒變，這『臭』豆腐一樣這麼的『香』，這麼的好吃！」我一口一口的吞下了臭豆腐，在這家小吃店品嘗臭豆腐的記憶也一幕幕的浮現在腦海中。

　　從童年迄今，經過了十幾年的歲月，楊媽媽帶著古早淳樸的味道，從廟口到廟旁，再從廟旁到小巷，儘管環境變了，但一道道的美食始終在大家心中留下用心、真誠的傳統好滋味，而這股滋味即使歷經物換星移的變遷，都將永遠不變。

寫作文，有訣竅

寫文章，在平鋪直敘的描寫視覺、聽覺等各種感覺或「原因、經過、結果」等事件經過之餘，如果還能加上自己的感觸或情感，會讓文章更令人感動，更能引起共鳴。聖哲的這篇〈古早的好滋味〉看起來寫的是食物，但其實在美味中包覆的是對「過去與現在」、「變與不變」的感觸。

那一天，到聖哲的班級上作文課，一下車驚訝的發現，怎麼才一週的光景，那附近的老房子竟被夷成了平地，還來不及架起的圍籬，讓破碎的陶盤、支解的木椅赤裸裸的躺在地上，空氣中似乎還瀰漫著屋倒牆傾的濛濛煙塵。是啊！在都市更新的浪潮下，這些有著歷史的老房子，終究要被沖蝕殆盡的。

突然，一個想法從腦中竄出：「如果連我都有這樣的感嘆，那麼居住在這裡十幾年的孩子們，

會不會也有一些感觸呢？」雖然不是絕對的肯定，但我決定把握這難得的機會，試一試。那麼，施力點在哪裡呢？幸好，老字號的「楊媽媽小吃店」還在，搬到了離原址約200公尺小巷裡。

　　一上課，我試探性的問了：「楊媽媽小吃店的東西好吃嗎？」從大家的反應中，我確認每個人都是從小吃到大。賓果！「出發吧！老師請客！」看著學生訝異、無法置信的表情，我開心的笑了。暑氣蒸騰的午後，小吃店裡還有六分滿的饕客，學生們很自制，沒有高聲喧譁，或許也是因為出發前，他們已經知道「天下沒有白吃的美食」，等在他們面前的，還有一篇作文。

　　懂事的學生很體恤我的荷包，每人只象徵性的點了一道，並為了豐富文章的內容，聰明的提議「分享」。於是，小小的桌上很快的排滿了臭豆腐、蚵仔麵線、肉圓、滷肉飯、豬血湯，這些年輕的「老」主顧，果然「青菜蘿蔔，各有所好。」美食當前，我沒有忘記自己的超級任務。我們邊吃邊

聊，聊這附近的老房子怎麼拆光了，也聊這小吃店曾經搬過的三次家；聊我一下車看到這景象的震撼，也聊前幾年大學入學考試的作文題目〈走過〉。

回教室的路上，學生們依舊嘻嘻哈哈，但慧點的眼神似乎正體會著「走過」變遷的感覺。透過那次「我來、我看、我心有所感」的學習過程，學生們不再視而不見，回到教室，一篇篇「有情」的好文章也就誕生了。

我當小老師

有些文章看起來沒有錯，但感覺翻來覆去就是那幾個詞、幾句話，讀起來就是不精采。以下的這段文章就有這個毛病，請你當小老師，幫忙修改吧！

在夜市裡，有一間賣肉圓的小攤子，我覺得那間的肉圓非常Q，吃起來很有彈性，而且價錢也

很合理，他的四神湯也非常美味。從小，每次來夜市，我都要來這裡大快朵頤一番，雖然以前的阿嬤老闆已經換成她的女兒，但是他的東西一樣好吃。

參考答案

　　在夜市裡，有一間賣肉圓的小攤子。~~一小攤~~我覺得~~那間的~~肉圓~~非常~~又Q又滑嫩，吃起來很有~~彈性~~十足，~~而且價錢也很合理，他~~搭配的四神湯料多~~也非常美味~~美，湯頭濃郁，價錢也很合理。從小，每次來夜市，我都要來這裡大快朵頤一番，雖然以前的阿嬤老闆已經交棒給~~換成~~她的女兒，但是那齒頰留香的好滋味不曾改變~~他的東西一樣好吃~~。

暖暖身，準備好

　　「雖然環境變了，但古早的好滋味不變」、「雖然裝潢變了，但老闆親切的笑容不變」、「雖然番茄炒蛋變成了番茄豆腐，但鮮豔的色澤與酸甜的滋味不變。」「雖然掌廚的人從媽媽換成了爸爸，但幸福和樂的氣氛不變。」比較過去與現在，

你能感受到哪些變了，哪些沒變嗎？

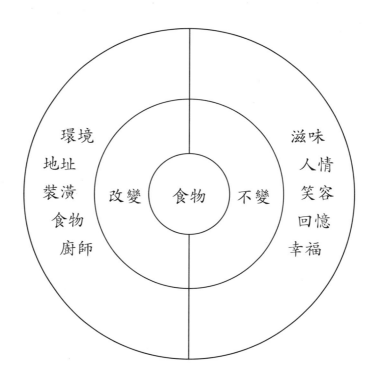

 寫作練習

小作家，顯身手

題目：○○的滋味

引導說明：

　　一年四季，我們總會吃進各種食物。春天時，以雪白清透的薄皮捲起豆干、蛋皮、豆芽菜、高麗菜、胡蘿蔔等各式食材的春捲是十分應景的；夏天一到，一盤清爽的水果沙拉，讓人暑氣全消；秋風一吹，菊花黃了，人們也開始期待餐桌上出現幾隻肥美的蟹；等到冬天，咕嚕咕嚕的火鍋，冒著騰騰的熱氣，也映照著大家滿足的笑容。你喜歡吃什麼呢？請以〈○○的滋味〉為題，寫一篇完整的文章。這食物可以是媽媽煮的一道菜餚、一份巷口的小吃或一種水果，○○可以是幸福、難忘、甜蜜等形容詞，也可以是肉圓、餛飩湯、蚵仔煎等食物。請寫出這食物的滋味，並鋪陳你和這食物的過去與現在。

第 15 課

循序漸進寫想法

好文章，拍拍手

有趣的中國字　　　　　　　　　　　　◎劉翼賢

　　中國字很有趣，有些字明明屬於同一類，部首卻完全不一樣；有些字看起來很像，意思卻有天壤之別。還有許多「形聲字」，我們可以從部首猜測這個字的意思，再從另一個偏旁判斷它的念法。

　　樹、椰、榕是木部，蓮、菊、蘭是艸部，為什麼同樣是植物，部首卻不同呢？是因為一種不開花，一種會開花嗎？不對，因為梅花和櫻花都有美麗的花，但是它們都是木部啊！喔！只要多找幾個字來比較，我們就會發現，木頭摸起來很堅硬，但是花草摸起來較柔軟，所以只要是像樹一樣，比較高大強壯的植物就用木部，相反的，像菊花看起來比較矮小柔弱的就用草部。

　　衣部和示部是大家常常會寫錯的部首，因為它們的差別只在於一個多一點，一個少一點。怎

麼會這樣呢？我們用同樣的方法——多寫幾個字來比較看看，一起找出它們的祕密吧！褲、裙、襯、衫、襪、補是衣部，神、祭、祈、禱、禮、福則是示部，所以和衣服有關的是衣部，有拜拜和尊敬的意思的就是示部。

　　另外，在中國字中有許多形聲字，這些字通常從部首就可以猜出意思，例如拿、拉、拍是手部，都是手的動作；踏、跳、蹲是足部，都是腳的動作；還有這些形聲字的另外一半，就是不是部首的偏旁則往往表示這個字的大概念法，例如「裡」這個字是衣部，指的是衣服的內裡，而衣部旁邊的「里」則告訴我們這個字的讀音是里。奇怪的是，裙和被是衣部，可是它們的讀音不是君和皮啊？如果你用台語念，就會發現君和裙的讀音很像，被和皮也很接近。

　　除了這些之外，中國字還有許多有趣的祕密等著我們去發現，有空時翻一翻字典，找出它們的祕密吧！

寫作文，有訣竅

　　這個單元要教什麼作文的技巧呢？很簡單，就是總分結構法；第一段先總起，說明文章的重點，接著用舉例的方式證明這個重點，最後一段再做總括的結論。

　　翼賢就是應用此一技巧，寫出了四平八穩、井井有條的文章。首段，他先概述中國字有三個有趣之處，然後在第二、三、四段分別以「木部、草部」；「衣部、示部」和「拉、跳、裡、裙」等字來證明，末尾則用「大家一起來找中國字的祕密」總結。

　　在教學實務上，只要透過具體的範例和實地的練習，大家都能輕易的學會這個技巧。所以這篇文章還有一個「可貴」之處，就是文章的內容從何而來。別誤會，這可不是我「教」出來的，相反的，是我「問」出來的。首先，我在黑板上寫了木、草、示、衣四個部首，要學生寫出屬於

這些部首的字。而為了提高活動的趣味性，我將班上分成兩組，排成兩列站在黑板前「待命」，並以猜拳的方式決定誰能寫，誰不能寫，也就是說猜拳贏的人上去寫，輸的人則留下來繼續猜，直到贏了，在黑板上寫了字，才能換下一個。緊張活潑的氣氛能激發更多的靈感，於是不用五分鐘，黑板上都是滿滿的字。

　　「嗶！」哨聲響起，大家請回座，但是活動還沒結束，小組請就黑板上的字討論木部和草部的差別，示部和衣部怎麼分辨。小組討論的同時，我也沒閒著，除了圈出黑板上的錯字之外，最重要的是在兩組之間巡迴，聽聽他們說些什麼？必要時在旁邊提點個一兩句。五分鐘的討論後，兩組分別上台發表，我一點都不擔心學生們說得七零八落，因為我的目的是透過討論產生想法，再藉由口頭發表初步整理想法，有了這兩個步驟後，要寫出這種有點「深奧」的內容，就不會腦袋空空，兩眼發直了。

我當小老師

「我打弟弟門前過，看見弟弟搖外婆。滿天月亮一顆星，千萬將軍一個兵。」這首歌很奇怪吧！沒錯，這首歌的歌名就叫顛倒歌，因為裡面的內容統統都是顛倒的！顛倒歌聽起來很有趣，但是寫文章如果出現了這種奇怪的情形，可會鬧笑話的喔！中國字因為有很多音同、字不同的字，所以這類鬧笑話的文章，常常是因為「錯別字」的關係。建議你，文章寫完後，一定要好好的、仔細的檢查喔！

以下的句子，都有錯別字，請你當小老師，幫忙修改吧！

1. 我們要好好用功讀書，才對得起劣祖劣宗。

2. 今天汪老師帶我們到7-11寫作文。老師說我們每個人可以選一個20快錢的東西，由她付錢。我經挑細選後，拿了一瓶紅茶。

3. 喝了這瓶紅茶候，我的血賣立刻通行無阻，十
　分唱快，靈感也像火山暴發一樣，一下子就寫
　好了作文。

参考答案

1. 我們要好好用功讀書，才對得起~~劣祖劣宗~~<u>列祖</u>
　<u>列宗</u>。

2. 今天汪老師帶我們到7-11寫作文。老師說我們
　每個人可以選一個20<u>塊</u>~~快~~錢的東西，由她付
　錢。我<u>精</u>~~經~~挑細選後，拿了一瓶紅茶。

3. 喝了這瓶紅茶<u>後</u>~~候~~，我的<u>血脈</u>~~賣~~立刻通行無阻，
　十分<u>暢</u>~~唱~~快，靈感也像火山<u>爆</u>~~暴~~發一樣，一下
　子就寫好了作文。

暖暖身，準備好

　　以下這幾組部首，也是看起來很像，意思卻
相差了十萬八千里。請你先寫出屬於這幾個部首的
字（至少三個），再想想它們的意思有什麼不同。

广部	宀部	爪部

疒部	穴部	瓜部

參考答案

广部	宀部	爪部
府 店 底 床 廟 廚 廳	家 宅 安 定 客 宮 寄	爬 爭 為 爵

疒部	穴部	瓜部
疾 病 疼 痛 疲 瘋 癢	空 穿 窄 窟 窪 窩 窮	瓢 瓣 瓤 瓠

寫作練習

小作家，顯身手

題目：有趣的中國字

引導說明：

　　從小到大，我們學了很多的中國字，你是否發現有些字好像畫出來的一樣？「日」像一個太陽，「山」像一座山，「龜」像一隻烏龜；還有些字看起來很像，意思卻不同，如「口」和「口」、「土」和「士」。而每個部首是否又有特別的道理呢？請以〈有趣的中國字〉為題，說明中國字的有趣之處，並舉實際的中國字為例加以說明。

國家圖書館出版品預行編目資料

實戰作文15堂課／汪淑玲作. --初版 . --台北市
　　：幼獅，2012.11
　　　　面；　公分. --（多寶槅；198）（文藝抽屜）

　　　ISBN 978-957-574-888-3（平裝）
　　　1.漢語教學 2.作文 3.寫作法 4.九年一貫課程

　　523.313　　　　　　　　　　101020926

・多寶槅198・文藝抽屜

實戰作文15堂課

作　　　者＝汪淑玲
出 版 者＝幼獅文化事業股份有限公司
發 行 人＝李鍾桂
總 經 理＝廖翰聲
總 編 輯＝劉淑華
主　　　編＝林泊瑜
編　　　輯＝周雅娣
美術編輯＝吳巧韻
總 公 司＝10045台北市重慶南路1段66-1號3樓
電　　　話＝(02)2311-2832
傳　　　真＝(02)2311-5368
郵政劃撥＝00033368

門市

・松江展示中心：10422台北市松江路219號
　電話：(02)2502-5858轉734　傳真：(02)2503-6601
・苗栗育達店：36143苗栗縣造橋鄉談文村學府路168號（育達商業科技大學內）
　電話：(037)652-191　傳真：(037)652-251

印　　　刷＝崇寶彩藝印刷股份有限公司
定　　　價＝220元
港　　　幣＝73元
初　　　版＝2012.11
書　　　號＝988142

幼獅樂讀網
http://www.youth.com.tw
e-mail:customer@youth.com.tw

10045　台北市重慶南路一段66-1號3樓

幼獅文化事業股份有限公司 收

客服專線：02-23112832分機208　傳真：02-23115368

e-mail：customer@youth.com.tw

幼獅樂讀網http：//www.youth.com.tw